新・教職課程シリーズ

教育相談
School Counseling

田中智志・橋本美保 [監修]
羽田紘一 [編著]

一藝社

監修者のことば

　本書は、一藝社「新・教職課程シリーズ」全10巻の1冊として編まれた教科書であり、「教職に関する科目」の一つである「生徒指導、教育相談及び進路指導等に関する科目」の必要事項「教育相談（カウンセリングに関する基礎的な知識を含む）の理論及び方法」を扱う授業に対応しています。

　教育相談とは、さまざまな困難に直面している児童生徒の心の悩みを聴き、よりよい対処方法を児童生徒とともに考えてゆくことであり、そうした児童生徒に接している保護者・教育者に助言・援助することです。

　不登校であれ、いじめであれ、学業不振であれ、子どもの抱えている悩みは、それぞれ個別的・固有的であり、他の事案と似ているように見えてもかなり違います。その違いは、実際に子どもが発する言葉だけを聴いていては、なかなかわかりません。子どもの悩みに近づくためには、子どもが置かれている情況を把握するとともに、子どもの心の声を聴く必要があります。その声は、ときに子どもたちが実際に発する言葉と違っていることがあります。たとえば「〇〇がいやでいやで仕方がない」という子どもの言葉の背後に、「それでも気になって仕方がない」という心の声が響いていたりします。実際に語られる言葉とともに語られていない心の声を聴くことが、教育相談の重要なスキルといえるでしょう。

　この傾聴の力は、相談を受ける者が、経験を重ねるとともに、自分の心の声にたえず耳を澄ますことで、明敏になり、また洗練されていきます。すなわち、その声のなかにあるよりよく生きたいという声がよく聞こえてきます。子どもであれ、大人であれ、人は、つねによりよく生きたいという想いとともに生きています。その想いは、過酷な情況のなかではときに薄らいでしまいますが、けっしてなくなることはありません。

　また、子どもとともに心の悩みの対処方法を考えることは、子どもを「指導」するということを含みながらも、基本的に「指導」（指示的な接し

方）とは区別される、援助的・応答的コミュニケーションを行うことです。それは、子どもの立場に立ちながら、子どもの陥っている隘路からの出口を一緒にさがし、そこに誘うことです。

　こうした援助的・応答的コミュニケーションは、戦後、カウンセリング論を基礎としながら、普及してきましたが、日本におけるその淵源を辿るなら、それは1920年代に「大正新教育」と呼ばれる教育刷新運動が広まったころに見いだせます。この時期、日本の教育界ではじめて「指導」から区別される「相談」(consultation) という営みが語られるようになりました。日本で最初に「相談」という言葉を教育用語として用いたのは、大正新教育の論者の一人、千葉命吉でしょう。彼は、現在の「教育相談」よりも広い意味で「相談」という言葉を用いています。すなわち、教育は自由を尊重しなければならず、自由は「指導」ではなく「相談」よって生じる、すなわち教師と子どもとの互いの命の輝きを喚起しあうような語りあいによって生じる、と。そこには、教師も子どももともに一つの命、かけがえのない存在であるという想いが滲んでいます。

　本書は、学校カウンセリング、教育相談に長年にわたり関わってこられた羽田紘一氏の明確な編集方針のもとに編まれています。本書の全体を通じて、教育相談の全容がわかりやすく示され、また一人の教師としてよりよく生きるために必要な知見が示されています。

　教職を志すみなさんが、本書をつうじて、人間性豊かな、よりよい教育実践の学知的な礎を築かれることを、心から願っています。

2014年4月吉日

監修者　田中智志
　　　　橋本美保

まえがき

　学生諸君は、教職課程を受講して教員免許状を取得しようとするときに、「教職に関する科目」の一科目として「教育相談」を学ぶことになる。
　「教育相談」は、児童生徒の成長・発達に伴って生ずるさまざまな教育上の問題について、児童生徒本人ならびにその保護者や担任教師などと共に考え、望ましいあり方を助言・援助する活動である。最近の新聞やテレビ等の報道によって、児童生徒の学校生活において、「不登校」「いじめ」をはじめとする問題が多発していることを見聞きしていることであろう。多くの問題が児童生徒の心の問題の表れであり、現職の教員はその対応に日夜心を砕き、指導に当たっているが、その対応はますます難しさを増してきている。
　学生諸君が新任の教員として学校に着任したとき、児童生徒の心の問題への対応を避けて通ることはできない。そのような事態に直面したときに、「どのように考え」「どのように行動したらよいのか」ということについて基礎的な知識を持っていることで、児童生徒ならびに保護者対応の戸惑いを減ずることに役立つだろう。
　児童生徒の心に起因する問題への対応は、学校教育において長年の課題であり、その指導のために全教員が「教育相談」の素養を身に着け、児童生徒の成長発達を援助しようと努力してきた。全教員が「教育相談研修」を受けて、児童生徒の心に寄り添う指導を試みてきたが、残念なことに「不登校」「いじめ」をはじめとする問題は収束していないばかりか、ますます難しくなってきている。
　児童生徒の心の問題がなかなか解決しないことから、文部科学省の施策として、心理職の専門家でカウンセラーの資格を持つ人を「スクールカウンセラー」として公立学校に配置する事業が1995（平成7）年から始められた。スクールカウンセラーは、週に一日だけ勤務する非常勤職員である。

この専門家配置によって、児童生徒や保護者へのカウンセリングの実施ならびに教員の指導上の悩みへの助言などで、児童生徒の心の問題の解消が進むことが期待された。しかし、予想したようには進んでいないのが現実である。

　スクールカウンセラーの配置がないときには、問題解決に協力して当たっていた教員が、専門家が配置されたということで、問題の解決をスクールカウンセラーに委ねてしまう傾向が増えてきている。週に一日の勤務の中では当然解決しきれない事態も生じている。学校における児童生徒の指導は、教員の責任においてなされるものであり、児童生徒・保護者もそのことを期待している。教員が児童生徒の心の問題に正対して取り組み、スクールカウンセラーを相談相手に方策を考え指導に当たることが必要である。全教員は「教育相談研修」を受けて問題の解決を図ろうとした初心に帰る必要がある。

　学校教育は、学力をつけることだけが目的ではない。児童生徒が"人として望ましく成長する"ことを助けることが求められている。「学習の機能」「生活指導の機能」が学校の二大機能とされるが、その機能を支えるものとして「教育相談の機能」を重視する必要がある。「教育相談」が大切にしている「人間理解と援助の精神」を、教員があらためて身に着け実践することが以前にも増して大切になっている。

　この書によって教員を志す学生諸君が児童生徒に出会う心構えを整えてくれることを期待するとともに、現職の教員がその経験に応じて、児童生徒の心と向き合い、成長につきあう姿勢・態度をいっそう向上させるための参考にしてほしい。

2014年4月吉日

　　　　　　　　　　　　　　　　　　　　編著者　羽田紘一

「教育相談」もくじ

監修者のことば　3
まえがき　5

序章　なぜ、教育相談を必要とするのか　11

　　第1節　教育相談とは
　　第2節　学校教育における教育相談の歩み
　　第3節　教職に関する科目「教育相談」で学んでほしいこと

第1章　教育相談の扱う問題と　　23
　　　　　学校・専門機関の行う教育相談

　　第1節　学校において教育相談を行うことの意味
　　第2節　外部の専門機関の例①〜自治体の教育相談機関〜
　　第3節　外部の専門機関の例②〜児童相談所〜
　　第4節　適切な連携を求めて〜学校には何ができるか〜

第2章　学校における教育相談の進め方　33

　　第1節　学校における教育相談とは
　　第2節　学校組織の中での教育相談
　　第3節　教育相談におけるかかわり方

第3章 カウンセリングの理論と基礎知識　45

　　第1節　カウンセリングとは何か
　　第2節　ロジャーズのカウンセリング理論
　　第3節　代表的な心理療法の理論

第4章 児童生徒理解の方法　57

　　第1節　児童生徒を理解するための基礎知識
　　第2節　資料収集による方法
　　第3節　心理的アセスメントによる方法

第5章 事例研究の意義と進め方　71

　　第1節　事例研究とは
　　第2節　事例研究の方法
　　第3節　事例研究の演習
　　第4節　観察と記録

第6章 面接の進め方　83

　　第1節　面接に至るまで
　　第2節　面接の進め方
　　第3節　面接の基本的なスキル
　　第4節　面接能力を向上させるために

第7章 教育相談活動の実際①〜不登校〜　95

　　第1節　不登校（登校拒否）の原因論と心理的特徴

第2節　不登校（登校拒否）への対応
第3節　教育相談を行う前提
第4節　不登校（登校拒否）生徒への教育相談
第5節　不登校（登校拒否）生徒への教育相談の実際

第8章　教育相談活動の実際②〜いじめ〜

第1節　いじめ被害者へのケアおよび加害者への対応
第2節　いじめの諸相とその変容、いじめの定義
第3節　いじめ克服のために

第9章　教育相談活動の実際③〜発達障害〜

第1節　発達障害と教育相談
第2節　発達障害に関する教育相談の実際
第3節　特別支援教育と学校教育相談の体制づくり

第10章　教育相談活動の実際④〜児童虐待〜

第1節　児童虐待とは
第2節　虐待が子どもに及ぼす影響
第3節　学校における虐待問題への対応
第4節　虐待問題への相談の進め方

第11章　教育相談活動の実際⑤〜学業不振〜

第1節　学業不振の要因
第2節　学習意欲を育てる
第3節　授業に生かす教育相談の視点

第12章　保護者との連携、支援のあり方　*159*

第1節　保護者との連携について
第2節　保護者への支援について

第13章　グループ体験の基礎知識　*171*

第1節　グループ体験の教育的意義
第2節　グループ体験の実施方法〜一つの体験プログラムから〜
第3節　「ガイダンスカリキュラム」〜グループ体験のこれから〜

終章　教育相談を教育活動に生かす　*185*

第1節　児童生徒を取り巻く関係者・関係機関との連携
第2節　教育相談の考え方を学習指導・生徒指導に生かす
第3節　保護者からの相談に応じる心構え

監修者紹介　*195*
編著者・執筆者紹介　*196*

序章

なぜ、**教育相談**を**必要**とするのか

羽田紘一

はじめに

1988（昭和63）年の「教育職員免許法」の改正によって教員養成課程の「教職に関する科目」に「生徒指導」「教育相談」が取り上げられるようになった。本章では、教育相談の意義と役割、「教育相談」が教職に関する科目に加えられた経緯、教員に教育相談の研修が必要であるとされるようになった経緯などについて解説する。

第1節 教育相談とは

1 教育相談とは

児童生徒の成長・発達に伴って生ずる教育上のさまざまな問題について、児童生徒本人またはその保護者などに、望ましいあり方を助言・援助する教育活動を言う。全ての教師が児童生徒に接するあらゆる機会をとらえて、あらゆる教育活動の実践の中で生かす必要があり、学校教育を進めるうえで基礎となるものである。

現在、「教育相談」という言葉以外にも、「学校カウンセリング」「スクールカウンセリング」という言葉も使われている。それぞれ主張する根拠を持っているが、行われている活動としては、いずれも学校教育の場で行う「児童生徒に対する心理的な援助を目的とする活動」である。学校教育の場では、「教育相談」という言い方が一般的である。

2 教育相談の内容

教育相談活動の内容は以下の4点が主なものである。
（1）児童生徒への援助

児童生徒個人を対象として、面接等を通して個人の内面の変容を図った

り、適応の向上を図ることを意図する。
（2）教師や保護者への援助
　成長・発達上の問題を抱える児童生徒に、教師・保護者が接するに当たっての悩みを聞いて、共に考えたり助言・援助を行う。
（3）学校組織への援助
　児童生徒の成長・発達上の問題に対して、学校としてどのように対応するか、学校の教職員が共通した方針を持って実践できるように、計画的・組織的に情報提供したり、共通理解・共通実践を図る機会を設けたりするなど、学校が組織的に教育相談活動が行えるように援助する。
（4）心理・教育アセスメント
　児童生徒の教育上の諸問題の解決を図るための資料を得ることを目的として、各種の心理検査等を用いて調査・検討をする。実施に当たっては、正確を期するため、教育相談機関や専門家に委託する場合もある。

3　教育相談の機能

　教育相談には三つの機能がある。
（1）開発的機能
　児童生徒の能力や可能性を引き出すための働きかけである。学校の教育活動自体が児童生徒の能力開発を意図したものであることとかかわりの深い働きである。
（2）予防的機能
　成長・発達上に生じる可能性のある諸問題を未然に防止しようとする機能である。人間関係に不調和のある児童生徒の適応を改善して、不登校になることを防ぐような働きである。
（3）治療的機能
　不登校や無気力など学校生活を続けるのに不都合な状態に陥った児童生徒の回復を図る働きである。この機能は、問題の行動が初期的な段階にあるときには学校でも行われるが、多くの場合、教育相談を専門とする機関が行っている。

4　教育相談技法の実践的意味

　教育相談が大切にしている人間観、対人的な接し方の留意点・技術を身につけることによって、教員という人間の成長にかかわる職業人として必要な資質を身につけることができる。

（1）児童生徒・保護者との人間関係を築くのに役立つ

　児童生徒との人間関係を円滑にするには、相手の感情や論理を受け入れる必要がある。教育相談が大切にしている相手を受容すること、相手の感情に共感する姿勢・態度が役立つ。

（2）児童生徒理解と接し方の基本を知ることができる

　接し方の基本は受容・共感であるが、相手の人格に対して敬意を持って接することが大切である。そのための技法が開発されているので身につけて役立てたい。

（3）授業の進め方に生かせる

　人間理解の方法は、1対1の関係にのみ役立つものではない。学校教育において重要なのは授業の成立であり、その中での児童生徒理解、人間関係の構築が求められる。教育相談の考え方は、授業に生かしてこそ意味がある。

（4）問題行動の指導、進路指導に生かせる

　児童生徒の望ましくない行動がなぜ起きたのか、どのように対処すればよいかを考える基礎となる考え方を身につけることができる。また、児童生徒の進路を考える際にも、個々の特徴を理解した指導が可能になる。

（5）教師としての自分自身のメンタルヘルスの維持・増進に役立てることができる

　教師という仕事は、多様な人格を相手にすることがストレッサーとなって、ストレスの残るものである。自分が混乱したり悩みを持ったときに、その解決の方策として教育相談の理論や技法を応用することで立ち直ることが可能になる。

（6）同僚教師のメンタルヘルスの維持・増進に役立てることができる

　同僚教師が対児童生徒、対保護者、学校内の人間関係や仕事のことで悩

みを持つことがある。そのような場合に、共に考え解決策を見いだすために教育相談の知識を役立てることができる。

5　カウンセリングと教育相談

　専門的な心理カウンセリングは、心理的援助の理論と技術に習熟した人（臨床心理士等の資格を有している人）が、心理面の問題に直面している人（来談者またはクライエント）に対して、臨床心理学的な手法（主として面接）によってその問題解決を援助する営みである。

　教育相談は、カウンセリングの考え方や技法を教育活動で生じる児童生徒の問題解決に生かそうとする試みである。

　"カウンセリング"という言葉は、本来は精神医学で行われる心理療法の用語であるが、最近では、いろいろな職業分野で「相談」の同義語として使われている傾向がある。

第2節　学校教育における教育相談の歩み

1　戦後の少年非行と教育相談

　児童生徒に対する相談活動は、第二次世界大戦以前（1945年以前）にも行われていたが、現在の教育相談という活動として行われるようになったのは、1950（昭和25）年前後からである。

　戦後の社会において、青少年非行への対応は教育界にとって大きな課題であった。青少年非行の統計上の第一次ピークは、終戦直後から1951（昭和26）年ごろだが、敗戦後の社会世相を反映し、子どもたちが生きるために盗みを中心とした非行に走った。それらの子どもたちが補導され、少年鑑別所等で矯正指導を受けて学校に戻ってきたときに、特に中学校ではどのように受け入れたらよいのか、教員は悩み、生徒指導の困難さは増すばかりであった。

このようなときに、教員の有志、大学の研究者たちが協力して、主としてロジャーズ（Rogers, Carl Ransom　1902-1987）の「来談者中心療法」に基づく教育相談活動を自主的に始めたことが発端となって、教育相談活動は広まった。

　1950年代後半に入って、各自治体の教育委員会がその活動の有効性を認め、公立の教育相談所（室）が設置されるようになった。

2　高度成長期の非行と教育相談

　1960年代後半に非行の第二次ピークが訪れる。この時期の特徴は高度成長期にさしかかるときであり、"生きるための非行"というよりも、いみじくも名づけられた"遊び型非行（現在は、初期型非行という）"が増えたことと不登校（当時は登校拒否といった）の出現と増加であった。

　東京都教育委員会はこのような状況に鑑みて「教育相談の手引1～3」を発行し、「いつでも、どこでも、だれとでも」という合言葉を作って教育相談の普及啓発に努めたが、十分に浸透したとは言えなかった。特に生徒指導担当者からは「教育相談は甘やかしだ」「手ぬるい指導だ」という批判があり、好感を持たれなかった。

　当時、日本の教育相談の中心的な考え方は、ロジャーズの「来談者中心療法」であり、その考え方の中核となる「受容・共感」「畏敬の念」「邪気のないこと」という考え方は、厳しい指導が必要であるとする生徒指導関係者には受け入れにくかったのであろう。

3　学校の荒れる時代と教育相談

　1970年代後半に、非行が第三次のピークを迎え、学校が荒れた。学校教育の見直しが必要だとされ、「教え込む教育から育てる教育へ」「型にはめる教育から援助する教育へ」の転換を図ろうとした。その際、それまであまり好意的には受け入れられていなかった「教育相談・カウンセリング」にその解決を委ねようとして、教育相談の有効性が説かれ、全国で教員対象の研修が盛んに行われるようになった。

東京都では、1982（昭和57）年3月の東京都青少年対策委員会最終報告書の提言を参考としながら、同年度における教育行政の重点施策の一つに「学校カウンセラーの養成」を掲げ、「スクールカウンセラー研修」を開始した。教育相談の研修は、それ以前から東京都のみならず各道府県教育委員会でも教員対象の研修会を行っていたが、任意参加の研修会であった。この時期に企画された研修は、全教員対象の悉皆研修として行おうとするところに特徴があった。

多くの自治体で、全教員対象の初級研修、希望者対象の中級研修、指導的役割を担う要員を養成する上級研修というようなシステムを設けて実施するようになった。この研修は、内容・方法を変化させつつ現在も行われている。この研修会を通じて「カウンセリング・マインド」という言葉が、教育相談の考え方を生かした教員の姿勢・態度を表す言葉として普及した。

4　教育相談の導入

現職教員への研修として始められた「教育相談研修」によって、不登校、校内暴力等の問題行動の改善、教育方法の改善を期待したが、児童生徒の状況は思ったようには好転していない。1970年代後半から頻発した校内暴力は沈静化したが、不登校は依然として増え続け、一方でいじめ問題が増加し、いじめに起因する自殺が繰り返し起こり、そのつど対策が取られるもののいっこうに改善できないでいる。社会の急激な変化がもたらすひずみが大きく、児童生徒を取り巻く状況は悪くなっており、児童生徒のメンタルヘルスに悪影響を及ぼしている。いじめ問題については、教育関係者の反応・対応に意識の低さを思わせる事態も起こっている。このような状況下で、今後も教育相談に課せられる期待と課題は大きい。

5　教員養成課程の科目に「教育相談」を追加

教育相談研修を現職教員に対して行うことの意義を認めつつも、教員養成段階において生徒指導、教育相談の知識を身につけておくことの必要性が説かれ、1988（昭和63）年の「教育職員免許法」改正において、「教職

に関する科目」として「生徒指導（進路指導を含む）」「教育相談」が取り入れられた。

　従来、教員になってからの研修で、生徒指導・教育相談に関する素養を身につけてもらおうとしていたが、それでは新任教師の心理的負担が大きいということで、教員養成課程の中で基礎的な知識・技法を知るための科目を設けることになった。「生徒指導」「教育相談」は、単なる知識・技術を身につけるだけのものではなく、日々成長する児童生徒にかかわる職業人としての基礎を学ぶことを目的としている。

6　スクールカウンセラーの配置

　教員研修によって、学校教育に教育相談の考え方を普及することで児童生徒の成長に資することを意図したが、計画どおりには進まなかった。そこで1995（平成7）年度から公立学校へのスクールカウンセラーの配置が計画的に進められるようになった。さらに2001（平成13）年からは、全国の中学校において、国費の支出と自治体の配慮で配置が進められた。2013（平成25）年度からは、小学校への配置にも国費が支出されるようになり、私立学校では、以前からスクールカウンセラーを配置している学校があった。

7　「問題行動対応」から「メンタルヘルスの維持・増進」へ

　現在の教育相談は、戦後の非行対応から発展したといっても過言ではない。加えて、不登校、無気力行動、学力不振、多動傾向、反社会的・非社会的問題行動への対応から経験を積み、児童生徒の成長途上における問題解決への経験を貯えてきた。現在は、その教育相談における児童生徒指導の知見や方法・技術を、児童生徒の心身の健康の維持・増進に役立てる方向に進みつつある。このことは医学において、「疾病を治すための医学」から「疾病予防の医学」に発展していることと傾向を同じくしていると考えられている。

　2008（平成20）年度からは、スクールソーシャルワーカーを配置する事業が始められ、児童生徒に対する適正な処遇が模索されている。

成長途上にある児童生徒は、成長・発達に伴い、生きるための種々の問題に出会う可能性が高い。その解決のために、これまで教育相談が培ってきたノウハウを活用する必要がいっそう増してきていると言える。

8　教育相談発展のもう一つの流れ

　問題行動への対応として始められた教育相談活動のほかに、もう一つの流れがあった。それは障害児教育への対応であった。

　1947（昭和22）年の学校教育法の施行によって、盲・ろう・知的障害（当時は精神薄弱）・病弱・肢体不自由児の教育が学校教育として実施されることになった。その教育対象となる児童生徒の判別を行うことが求められ、医師の協力の下で教員がその任に当たることとなった。この判別のための活動が教育相談のもう一つの原型になっていった。

　1997（平成9）年4月1日から、障害児教育が従来の特殊教育から発展して「特別支援教育」として行われるようになった。特殊教育時代より教育対象が広がり、児童生徒の教育的ニーズに応じた教育が行われるようになった。障害に応じた教育の場（学校・学級）から、広く教育の場が開放されたことにより、従来以上に多様な教育的ニーズを持った児童生徒が通常の学級に在籍するようになった。その特別な教育的ニーズを持つ一人ひとりの児童生徒について、適切な理解と教育措置のために教育相談的な配慮をした指導のあり方がいっそう必要とされるようになり、スクールソーシャルワーク的な処遇を行う必要も生じてきている。

　教育相談の発展の傾向は自治体によって異なり、非行対応を中心に発展してきたところと、障害児教育対応から発展したところと、両者を並行して行ってきたところがある。非行対応から始まった教育相談活動は、有志の教員の手によって始められたところが多いが、障害児教育対応の教育相談活動は、業務の性格上、教育委員会の主導で始められている。

第3節 教職に関する科目「教育相談」で学んでほしいこと

1 学校生活における児童生徒の生活をめぐる問題

　学校がその対応に苦慮している個々の問題については、各章で学んでほしい。教職課程で学ぶに当たって、以下に掲げる問題についても関心を持ち続け、進んで調べることを心がけてほしい。

　①不登校
　②いじめ
　③校内暴力（対児童生徒暴力、対教師暴力）
　④少年非行
　⑤性非行
　⑥自殺・リストカット
　⑦学習の成り立たない状況（マスコミでいう「学級崩壊」）
　⑧学習意欲の低下、学力不足の児童生徒の増加
　⑨無気力
　⑩Web・携帯電話による問題の多発
　⑪発達障害児童生徒の増加
　⑫神経症・心身症様の症状を示す児童生徒の増加
　⑬崩壊家庭・離婚家庭の児童生徒への影響の増大
　⑭経済格差がもたらす児童生徒への影響の深刻化

2 教師はなぜ、問題行動を示す児童生徒に関与するのか

　人は誰でもなんらかの問題性を持つ。その問題性は、その人の個性の現れであると考えることで、望ましい方向への指導・援助の方策が見いだせる。教育相談の機能である開発的機能が生かされるところである。
　教師を続ける以上、問題行動のある児童生徒との出会いは避けられない。その際に、教師が「自分も未熟である」との自覚を持ちつつ、問題行動を

見せる児童生徒に出会い、多様な人格に触れ、受け入れる経験をすることによって、教師自身の人間として成長が見られるのである。

社会の状況が変化し、児童生徒の抱える問題の質は、年々複雑かつ重篤になっている。また、問題行動を示す児童生徒だけでなく、その家族・保護者をもサポートする必要が生じているのが、現代の特徴であることを知っておいてほしい。

おわりに

教職課程で学ぶに当たっては、以下のことを常に意識して学んでもらいたい。

①児童生徒を全体的・総合的にとらえること。その児童生徒を人として育てることに焦点を当てる意識を持つこと。
②臨床心理学・精神医学など、人間が生きることをテーマとする関連諸科学の知見を知るように努めること。
③児童生徒を理解し、信頼関係を築くための「自分の特技」を持ち、磨く努力をすること。
④政治・経済をはじめ、社会の変化について常にアンテナを張り、自分自身の意見を持つように心がけること。
⑤教職に関する科目「教育相談」を学ぶことは、人間を理解し、自分の人間性を高めること。

【文献一覧】
　　中西信男ほか『カウンセリングのすすめ方：あなたもカウンセラー』有斐閣、1983年
　　平木典子『カウンセリングの話』朝日新聞社、2004年

第1章
教育相談の扱う問題と学校・専門機関の行う教育相談

川原誠司

はじめに

　教育相談が念頭に置いている「心理カウンセリング」「心理相談」などというと、特別な人を対象にしたものと思われやすい。しかし、生活の中で諸事に困ることは誰にでもあり、それを誰かに相談することもあるだろう。近くの人々で解決できない場合に、専門的立場の人を利用することはそれほど特別なことでもないし、特別扱いしない方がよいとも思われる。

　教育相談とは、そのような中でも主に学校の中で行う教育的な面での相談、改善のための話し合いを念頭に置いている。

第1節　学校において教育相談を行うことの意味

1　なぜ学校の中か

　学校の中で教育相談を行わない方が良いという見方や考えもあるし、出来事によってはそのような措置も想定される。しかし、学校の場で教育相談を行うのは、以下のような利点があると思われる。

　まず、何よりも校内の担任や他の教員、校内専門職などの「顔の分かる相手」「顔の見える相手」との相談は、子どもに安心感を与えるものであろう。もちろん、知られたくなく、かえって学校外がよいという場合もあるのだが、学校での生活を通して「この先生なら話せる」という感覚を有する場合、相談は割と容易に設定することが可能である。

　また、より即時の対応が可能になることも挙げられる。子どもの生活において学校に通うということは、特に義務教育段階においては長期休暇を除いて日常化しており、学校への子どもの出席状況や出席の仕方、子どもの様子や変化などが可視的になりやすい。悪化や変化に対して気づきやすい部分があり、それらのさらなる悪化を防ぐことにもつながる。

　さらに、子どもの心理的な問題は日常の生活とは切り離せないので、校

外で教育相談を行ったとしても最終的に学校の理解や協力なしには解決できないことがある。当然、校内のカウンセラーであろうと守秘義務はある。しかし、了解を得ながら、その児童生徒の成長のために資することを、子どもの生活の大きな場である学校を軸に、家庭と協力しながらよりよい改善策を実施していける可能性は大きい。

逆のことを考えてみれば理解しやすいと思うが、「いじめ」の対応がうまくいかず（「学校の対応のまずさ」として報道されるようなもの）、被害者に大きな影響をもたらしている事件を見つめてみると、前述した要素が多分に欠けていることが分かる。

2　学校の中で行える教育相談の内容

学校の中で可能な教育相談は多種多様であり、さまざまな点に着目することができる。

まず、自らの身体や心理、あるいは家庭の状況などの個人的な相談がある。体の不調であったり、心の不安定な状態であったり、また家の様子で困ったことがあったりと、自分の抱える状態を子ども自身から訴えたり、教師が気づいたりすることがあるだろう。極端な事例であると、虐待などの家庭環境や養育の問題が見られることもあり、学校がその気づきのアンテナの感度を良好にしておくことは重要であろう。

学校の中のことで言えば、仲間関係や教師－生徒関係などの人間関係の問題も多いだろう。「いじめ」といった重篤な状況だけに限らず、日常でのささいないざこざやトラブルなど、人間集団があるからこその関係性のあつれきが生まれる。それが蓄積されて心が不安定になることもある。

また、教科の学びや部活動など、学習をはじめとした教育課程についての相談といったこともあるだろう。学ぶということは子どもにとって大きなことであり、その不振は生活にも大きな影を落とす。また、部活動などの課外活動も子どもの生活には大きな影響をもたらす。教科の学びや部活動においては、教員（顧問）との関係、仲間（先輩・後輩）との関係なども生じているので、前述の人間関係の問題にも直結する。

これらの教育相談に関連した学校臨床の諸実践は、『子どもの成長・教師の成長』において、授業や保健室、部活動などさまざまな学校教員によって、さまざまな学校内活動で展開されている。学校臨床とは、なにも1対1の面談で行うだけのものではなく、その意味では教員も、心理臨床や相談活動の担い手として視野の中に入っている。

3　学校内で教育相談に携わる人・かかわる人

　まず何といっても担任教師であろう。相談そのものを行っていないときでも、子どもの改善のキーパーソンとして働きうる。担任が相談を行える機会は数多くあると言ってよい。校内で設定されるような相談の機会（「教育相談週間」のような取り組み）をはじめ、日常の学級の中でのさまざまなことで、子ども個人あるいは数人の子どもたちの話をじっくり聴くような機会など、頻繁に出てくるであろう。

　また、校務分掌において教育相談担当というような教員もいるであろう。学校内の教育相談を束ねる形で、学級単位で子どもの生活に関する調査を全校で実施したり、学校での一貫した相談取り組みを指揮したり、研修を受けたような教員であれば、実際に相談を行うこともあるだろう。

　教育相談という対応が特に必要だという子どもの身体的不調などの心身相関反応を見たときに、養護教諭の役割も大きいであろう。心理的な不調よりも身体的な問題を訴え出ることが多く、そこから心理的な問題やそれを生み出す対人関係や環境のストレスが見いだされることもある。

　管理職は学校における責任者として、あるべき方向性を示し、教育相談においても担当者を支える存在として機能する。「いじめ」や「不登校」などが深刻化・長期化する学校の様子を見ていると、管理職が教育相談に関して関心を持たない（軽視する、無視する）といったことが見受けられることもある。困難な事例では特に学校のトップがいかに情報を束ね、しかるべき連携を取るためにいかに指示するかが大事で、直接担当するわけではなくても、教育相談に関する管理職の配慮が、相談を行う教員の雰囲気や士気に大きく影響する。

校内にいるカウンセラーや相談員は、子どもの相談に直接的に、また専門的に携わる役割である。担任教員は日常の授業等の業務に追われ、決して十分な相談時間が取れない場合もある。また、相談内容や相談対象者のありようが専門性を要する部分を多分に含んでいるような場合には、当初から専門的な知識を有する者が主にかかわるほうがよいことも多い。

第2節　外部の専門機関の例①
～自治体の教育相談機関～

1　設置状況・取り扱い内容

　各都道府県に「教育センター」「教育研究所」等が存在しているが、教育委員会などの教育行政機関が設置している。この設置に根拠法令があるわけではないが、47都道府県全てに設置されており、当該都道府県の市区町村と連携を図りながら、教育相談ほかの活動を行っている。

　教育行政機関が設置しているということで、学校段階の年齢に該当する子どもが主たる対象となっている。いじめや不登校など教育現場でよく取り上げられる相談内容がここでも取り上げられる。そのような内容がホームページ上での案内で強調されていることも多い。

　来所にての相談だけでなく、電話やメールを活用した相談受付も行っているところが多い。

2　学校内での教育相談との異同

　教育行政による設置であるので、教育関係という意味では個別の学校内での教育相談と同様のものがあろう。ただし、学校内では相談しにくい場合、あるいは学校内の教育相談のみでは制約を感じるような場合にはこのような学校外機関への相談がなされやすいと考える。

　教育相談機関での対面相談は、主に1対1で行うと考えられる。学校内での相談の場合、対象となる子どもの自クラスや他クラスの仲間からの支

援といったものが比較的容易に組み込まれるのに対して、集団での働きかけの機会は弱くなる可能性は高い。しかし、不登校の対応ついては「適応指導教室」という居場所を設置するなど、集団での視点を取り入れた専門的な活動も進められている。

　また、学校教員への教育相談の啓発という観点から、各学校の教員への研修・講習といった役割も担っており、教員研修の中に教育相談が加えられていることは多い。

第3節　外部の専門機関の例②〜児童相談所〜

1　設置状況・取り扱い内容

　児童相談所を管轄しているのは、厚生労働省である。児童福祉法第12条第1項に「都道府県は、児童相談所を設置しなければならない」という条文があり、その根拠法令に基づき、各都道府県に地域性を考慮して複数箇所設置されている。児童相談所の職員については、最も小規模なものを想定しても、「教育・訓練・指導担当児童福祉司」「児童福祉司」「相談員」「精神科を専門とする医師（嘱託可）」「児童心理司」「心理療法担当職員」等を標準的に配置するように決められている。

　業務内容としては、市区町村間の連絡調整や市区町村に対する情報提供のほかに、児童福祉法第11条第1項第2号で示される「児童に関する家庭その他からの相談のうち、専門的な知識及び技術を必要とするものに応ずること」「児童及びその家庭につき、必要な調査並びに医学的、心理学的、教育学的、社会学的及び精神保健上の判定を行うこと」「児童及びその保護者につき、調査又は判定に基づいて必要な指導を行うこと」「児童の一時保護を行うこと」などがある。

　療育判定以外では家庭状況・家族状況が比較的不安定な子どもを対象とすることが多く、その代表として取り上げられるのが「児童虐待」である。

虐待に対しては近年さまざまなところで取り上げられ、注目も集まり、対応の強化も叫ばれているが、相談件数の増加に比しての児童福祉司の少なさなど実際の対応に当たっての人手不足は深刻である。また、虐待への対応とは子どもの保護だけにとどまらない。児童相談所の活動内容を報告している『児童相談所はいま』では、「貧困」「しつけ観」「発達障害」「不法滞在」などといったさまざまな家族の背景に対応することが述べられている。

2　学校内での教育相談との異同

　児童相談所で対応する事例は、深刻度が非常に高いものと言え、学校においてはこのような極端な家族状況の子どもだけを対象にするわけではない。少数者として矮小化されることもある。しかし、公的な学校、幼児教育や義務教育段階では特に、このような家庭背景の子どもが学校の中にいる可能性があり、それは他の子どもと比べて生活状況などが「著しく異なる」ことからも気づきやすい。

　学校は子どもの生活全般を教育・支援するので、家庭での子どもの異変にも気づきやすいであろう。たとえば、子どもへの身体的虐待での身体についた暴力跡などに目が留まりやすい。また、ネグレクト（養育放棄）状況では、継時的にかかわっているがゆえに子どもの身なりや様相が著しく悪くなっていることに気づきやすいといったことである。

　その際に、子どもに丁寧に寄り添い、必要に応じて状況をある程度聴き取ったうえで、児童相談所に連絡したり、児童相談所と連携を取って子どもや保護者に対応したりすることは十分に可能なことであろう。

　また、学校という場所では、子どもの対人的スキルの獲得や将来への職業展望の獲得も支援できる。本来は家庭でも考えなければならないことであるが、家庭内でのそのありようがゆがんでいるとき、学校という公的な場所が、子どもの実態に合わせながら支援していくことは非常に重要であり、教育相談から派生する学校ならではの支援とも言える。

第4節 適切な連携を求めて
～学校には何ができるか～

　教育センターや児童相談所などの「専門的機関」に委託されると、学校の方では対応が「及び腰」になることもある。相手の専門的活動を尊重する点では一歩引いたかかわりが重要なこともあるが、その反面「やっかいなことは引き受けたくない」という思いがかいま見られることもある。また、互いの領分を強調して、学校側も事例を「抱え込んで」しまうこともある。

　上記のように連携というのは、言う（理念を掲げる）ことは簡単だが、行う（実行する）ことがこれほど難しいものもない。少しでも実行できるためには何が必要になってくるだろうか。

1　違いが分かり、役割分担（他の役割の尊敬）と協働ができること

　同じ子どもを対象としても、それぞれの機関に求められていることは異なる。それは優劣ではなく、役割の違いと言ってよい。しかし、連携が滞る場合には、相手への不満が多くなることが多い。

　単一の機関ができることには有限性があるので、複数の機関で取り組むことで、その限界をカバーすることができる。そのための相互の役割分担（自分のできない部分を他の機関が行ってくれること）、そしてそれに基づいた協働（自分に任されたことを相手とつながるようにしっかり行うこと）といったものを行う意識を持つことが大切である。

2　子どもの心の中を同じように見つめられること

　複数の機関が役割分担や協力を行う際にそれが一つに束ねられる重要なポイントは、子どもの心の中の様子について共有できるかどうかである。教育相談で対象となる子どもの中には、極端な非社会性や反社会性を示す者もいる。このように行動が外顕化する者がいる一方で、引きこもりや緘黙(かんもく)など内潜化する者もいる。他の子どももいる中で、その子の対応に難

儀することは理解できるし、避けたい思いが生じるのも分かる。

　学校教員（になる学生）は、極端に心理的な不安定さを示す子どもの内面を学ぶ機会を持ってもらいたい。単に「大変だ」「手のかかる」「困った」と思うだけではなく、なぜそのような行動や態度をとるのかということについて、なんらか感じ取れる部分を見つけてもらい、自分（の機関）だからできることを考えられるようになってもらいたい。そうすれば、他の人や他機関に任せるべきことも見えてくるであろう。

3　子どもの成長に寄与しようという同じ気持ちを持つこと

　連携に当たっては意識の壁があることも多いし、協働に当たっては手間暇もかかるだろう。これらを乗り越えるためには、関係する人や機関が共通に、「子どもが成長する」ということに対する思いや喜びを持つことが必要になる。子どもが成長することに思いをはせ、それがあるからこそ、現状の困難さを関係者で共に支え合いながら改善への（細い）道筋をなんとか見つけていく作業を繰り返すことができる。

　教育、保育、養育、療育…、立場が違えども「育」てることは同じである。その子どもを育てたいという思いを大人の側全体が持つことが、何よりのエネルギーであろう。しっかり育てたいとする思い入れが、互いの良いつながりになっていく基盤としては大きいであろう。

おわりに

　以下の出来事は、筆者がかかわったことのある教育相談の事例を抽象化し、多少加工して述べるものである。

　ある小学6年生の不登校の男の子の事例であったが、教育相談が進むにつれて、対人緊張するという自覚がある中、教室に戻ってみてクラスの皆といっしょに卒業に向けて自分でやってみようという気持ちが芽生えてきた。それを受けて、本人や保護者の了解をとったうえで、具体的な実行策を当該学校に依頼しに行った。担任をはじめ学校の先生が多忙であることは理解しているので、その子が登校するときには大学院生を補助につけ、

緊張が高まったときには、その大学院生が全て対応する（担任の手はほとんど煩わせない）という前提で、学校と約束をし、了承を得た（得たつもりだった）。しかし、実行策をとってみて、その後の大学院生からの報告を聴くと、担任をはじめ学校側の「冷たい」数々の発言やそれに基づく対応が明らかになった。筆者に向けての直接的発言も踏まえて、その学校の校長や担任の発言や態度から推測するに、「公的な教育相談センターに通っているのだから、そこで治せばよい（自分の小学校に来られるのは迷惑）」というように筆者には受け取ることができた。

　この出来事を教育相談で話題にしたときの、その子の母親のあきらめや、内に込められた怒りに彩られた悲しみの発言を筆者は忘れられない。

　なんのために学校があるのか、なんのために教育相談が大事だといわれているのか。専門機関からの適切な示唆とともに、学校現場がこのような子どもの成長をなんらか引き受けようと思ってくれる場であることを願っている。容易でないことは分かっているが、そのような思いで協力してくれる学校教員が増えてくれることを願っている。

【文献一覧】
　　近藤邦夫・岡村達也・保坂亨編『子どもの成長・教師の成長：学校臨床の展開』東京大学出版会、2000年
　　斉藤幸芳・藤井常文編著『児童相談所はいま：児童福祉司からの現場報告』（新・MINERVA福祉ライブラリー13）ミネルヴァ書房、2012年

学校における教育相談の進め方

永井知子

はじめに

　近年、児童生徒の抱える問題は多様化、深刻化しており、さまざまな問題に学校が対応しなければならない状況である。そのため、学校における教育相談に関する素養と実践は、児童生徒と接する教員にとって不可欠であり、学校全体が一体となって行う基盤的な機能となっている。そこで、本章では、学校における教育相談の機能について、組織的運営や具体的なかかわり方の紹介を交えて示したい。

第1節　学校における教育相談とは

1　教育相談で扱われる問題

　学校での教育相談において扱われる児童生徒の課題や問題は、大きく分けて、①学習面、②進路面、③心理社会面の三つが挙げられる。これらは独立した問題ではなく、相互に関係し合っているため、教育相談で扱われる際には、多面的な視点を用いて統合的にアプローチする必要がある。

　①学習面：児童生徒にとって、学校で過ごす時間は生活時間の大半を占める。児童生徒は、教科学習の学びを通して、言語による表現や論理的思考力、自分の位置や人生についての考え方を身につけ、成長する。それは個人的な経験であると同時に、教師や友人と共に学ぶといった社会的な経験でもある。そのため、ときに、自身の能力を超えた学習や、友人との比較を目の当たりにし、無力感や敗北感といった傷つきを覚える。学習面の傷つきが、学習意欲の低下や不登校といった不適応状態に陥る引き金となることは多く、学校生活全般に影響を与えることから、問題の大小にかかわらず、援助する必要がある。

　②進路面：ここでいう進路とは、進学先や就職先の決定だけを指すわけではない。それらを決定するに当たって基盤となる、生き方や生きる方向

の選択を援助するものであり、めまぐるしく変わる時代の流れや現実に柔軟に対応できるよう、発達に即した生き方の教育を行うことが大切である。具体的には、児童生徒が自身の進路適性を理解すること、情報収集や啓発的体験の中で、理想と現実のずれや、周囲の意見に対処できる態度を形成することで、自己決定力をつけるための援助をする。

　③心理社会面：情緒的な苦悩、自他とのつき合い方や適応に問題を抱えている場合である。学校生活において、集団に属することが心を育てる豊かな土壌となる児童生徒がいる一方で、うまくなじめない、安心できないといった問題を抱える児童生徒も多い。彼らはまた、自分の中にあるストレスをうまく処理できず、身体症状（たとえば腹痛や発熱など）として表出することもあり、健康面とも密接に関連している。表面的な対応にとどまるのではなく、児童生徒が発するメッセージを読み取り、根本的な問題解決を目指すことが大切である。

2　教育相談の対象者

　教育相談の対象となるのは、問題が顕在化している特定の児童生徒だけではない。教育相談の基礎理論である学校心理学では、心理教育的援助サービスを3段階に分け、全ての児童生徒を対象としたモデルを提唱している（次頁**図1**）。

　一次的援助とは、学校生活を通して生活に必要な基礎的能力（対人関係スキルや学習スキルなど）の発達を援助したり、成長するために必要な能力の向上を目指すもので、発達途上にある全ての児童生徒に対して行う援助である。二次的援助とは、登校しぶりや情緒不安定になっているなど、危機的な状況に陥る可能性のある、一部の児童生徒に対して行う援助であり、問題が大きくなり、成長を妨害しないよう予防するものである。一次的援助、二次的援助は全ての教師が中心となって行うものであり、予防的な援助活動、早期発見による援助活動で、90％近くの児童生徒は自分の力で乗り越えられる。

　そして三次的援助とは、不登校やいじめ、学習障害など、特別な援助を

図1●3段階の援助サービス

```
一次的援助サービス
   全ての児童生徒
（対人関係スキル、学習スキル、
 問題対処スキル、入学時適応など）

   二次的援助サービス
    一部の児童生徒
 （登校しぶり、情緒不安定、
  学習意欲の低下など）

    三次的援助サービス
      特定の児童生徒
  （不登校、学習障害（LD）、
   いじめ、非行など）
```

出典：『学校心理学』を基に筆者作成

個別に要するケースに対して、専門家が行う援助である。ただし、教師は児童生徒の身近にいて援助できる存在として、関係機関と連携を取りながら、援助活動に携わることが重要である。

3　教師による教育相談

　学校の教育活動は、社会的な規範の下で、集団での学びを通し、一人ひとりの人格形成を目指している。教師はカウンセラーではないため、規範から外れた場合は指導しなければならないし、集団での教育活動を進めていかなければならない。では、特定の人しか相談活動ができないのかというと、そうではない。教師による指導とは、強制的に目標に向かわせるのではなく、しつけ（仕付け）である。児童生徒が自分の力で目標に向かえるよう目安となる道を示し、導くために、教育相談の諸理論や技法を役立てることができる。ただ教えるだけでなく、学校における教育活動の意義を踏まえた上で、広くカウンセリングの心を持ち、支援者として何ができるのかを考えて指導・支援を行うことが大切である。

4　教育相談の機能

教育相談には三つの機能があるとされる。

（1）治療的機能

教育相談の中で、最も分かりやすく、中心的な活動とされてきたのが治療的教育相談である。治療的教育相談とは、いじめや不登校、非行などの適応面、虐待やDVといった心理面、発達障害などの発達面について、問題が明らかになった児童生徒に対して行う支援や援助である。児童生徒の深刻で複雑な問題に対処するためには、問題をしっかり把握し、投薬やカウンセリングなど、継続的支援を要する。そのため、学校内においては、教職員やスクールカウンセラーとの共同、また学校外においては、専門機関（医療機関、教育機関、福祉機関）と連携することが大切である。

（2）予防的機能

治療的教育相談の対象となるほどではないが、成績の急激な低下、異装、連続した欠席、情緒不安定など、やや気になる児童生徒を対象にした機能である。これらの児童生徒は、問題が軽微あるいは顕在化していないだけで、そのままにしておくと慢性化・深刻化する可能性がある。問題発生を未然に防ぐためには、様子を観察する、頻繁に声を掛ける、環境を調整するなど、丁寧な配慮の下で、早期発見、早期対応を促すことが重要である。

（3）開発的機能

全ての児童生徒を対象にし、健全な成長発達を促すための支援が、開発的教育相談であり、学習指導、進路指導や学級活動（HR活動）などのあらゆる教育活動を通して行われる。誰もが経験する発達上の課題や問題解決の課題に対する支援として、個人を対象にした相談活動、また、集団を対象にしたプログラムなどが行われる。たとえば、自己理解や他者理解、対人能力育成のためのグループエンカウンターやアサーショントレーニング、教材開発などもその方法の一つと言える。

5 教育相談の流れ

　教育技法とカウンセリング技法を統合させた教育相談モデルの一つに、「コーヒーカップ方式」がある（**図2**）。このモデルでは、傾聴技法に加え、処置の仕方（対策、処方箋）を取り入れているため、これまでの教師の経験を生かした面接ができるというメリットがある。具体的には、面接する時期を導入期、中期、後期に分け、各時期は次の特徴を有している。導入期は、児童生徒との心の触れ合いを育むリレーション形成、中期はアセスメントによる問題の把握と方向性の検討、後期は問題解決のための処置や介入である。後期の介入については、個人や集団、環境に対してなど、さまざまな介入の仕方があるため、状況に応じた対応が求められる。また、教師はリレーションをつくり、相談の中で問題の本質をつかむために、言語的および非言語的なコミュニケーションスキルを身につける必要がある。面接をより質の良いものにするためには、ロールプレイを用いた体験学習やスーパービジョンによって、教師自身のスキル向上を目指すとよいだろう。

図2● 「コーヒーカップ方式」モデル

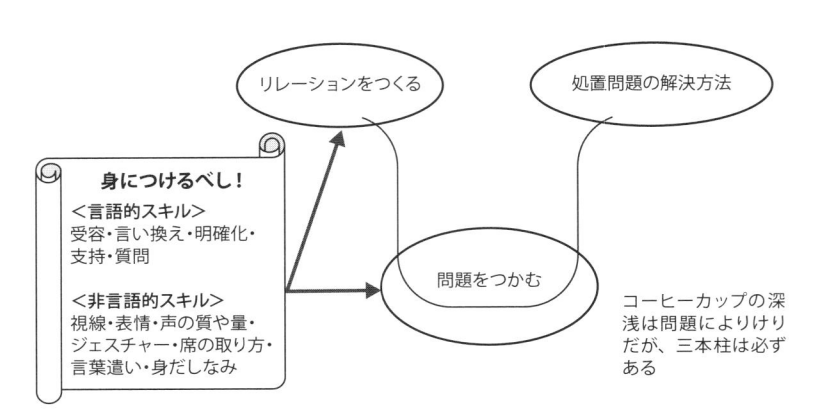

```
          ┌─────────────┐        ┌─────────────┐
          │リレーションを │        │処置問題の解決│
          │   つくる      │        │   方法       │
          └──────┬──────┘        └──────┬──────┘
                 ↑                        │
  ┌──────────────┴──┐                     ↓
  │  身につけるべし！ │              ┌─────────┐
  │                   │              │問題をつかむ│   コーヒーカップの深
  │ ＜言語的スキル＞   │─────────────→└─────────┘   浅は問題によりけり
  │ 受容・言い換え・   │                              だが、三本柱は必ず
  │ 明確化・支持・質問 │                              ある
  │                   │
  │ ＜非言語的スキル＞ │
  │ 視線・表情・声の質 │
  │ や量・ジェスチャー │
  │ ・席の取り方・言葉 │
  │ 遣い・身だしなみ   │
  └───────────────────┘
```

出典：『カウンセリングの原理』を基に筆者作成

第2節　学校組織の中での教育相談

1　学校組織の風土

　学校では、担任教師が独自のクラス運営の体制をつくり上げていることも少なくない。そのため、問題がある児童生徒に対して一人で対処しようとしてしまい、手に負えなくなることや、うまくいかず自責感につながることもある。このような事態を避けるため、また、全ての児童生徒の成長をサポートするため、教職員全体が一体となる体制を整える必要がある。組織の中で教育相談を根付かせるためには、次の四つがポイントとして挙げられる。①人が変わっても継続可能である（安定性を持つ）こと、②心理社会面に限らず学習面や健康面の指導も含めて学校教育と密接に結びついている（一般性を持つ）こと、③異なる専門性や役割を持つ教職員どうしで、ケアすべき児童生徒に関して協力して対処すること、④学校内外の支援組織を統合・媒介し、コーディネートする（協力関係を持つ）ことである。

2　教育相談システム

（1）組織における位置づけ

　学校の主な教育相談組織としては、A.独立型、B.所属型、C.委員会型が挙げられる。
　A.独立型は、校内で独立した位置づけにあるタイプである。企画・運営において独自性を発揮しやすく効率の良さはある一方で、他の部からの共通理解を得られにくいといった面を持つ。
　B.所属型は、生徒指導部や進路指導部、保健部といった他の部の下部組織として、教育相談が存在しているタイプである。教師が自然に児童生徒を優先して支援ができる一方で、各部の運営や下請け的な役割に追われ、本質的な教育相談になりにくいといった面を持つ。

C.委員会型は、学年代表、他部の代表者、養護教諭等が委員となって参加して運営する方法であり、そのコーディネートは教育相談担当者が行う。各部各学年と連携しやすいといった特徴がある。ただ、学校によって規模や状況は異なるため、学校の実情に合った構成を考える必要がある。

どのような位置づけであったとしても、教育相談を組織的に行うためには、教職員の共通理解の下で、組織内の役割を明確にし、相互に連携できるようにしておくことが重要である。

(2) 相談活動の基盤作り

学校には生活指導や学習指導など、さまざまな教育活動があるため、その関連を考慮して活動していかなければならない。単独で相談活動を行うのは困難なことから、教育相談に対する学校全体の共通理解を促し、協働関係を築く必要がある。そのためには、教育相談の基盤を作る推進活動（プロモーション活動）が重要である。具体的には、年間計画を立てて、校内研修会や事例研究会を企画・運営することや、児童生徒、教職員や保護者に対する援助・広報活動を行うことである。このような推進活動により、教育相談への理解を深め、活動の継続・深化が期待される。

(3) 相談担当者の役割

学校における相談担当者の活動としては、次の四つが考えられる。①個人やグループを対象としたカウンセリング、②学級や学年など集団を対象に情報や知識、スキルなどを提供するガイダンス、③援助者どうしが問題解決のために情報提供や話し合いを行うコンサルテーション、④学校内外の援助資源との連携や調整を図るコーディネートである。これらの活動を組み合わせながら、児童生徒の持つ問題への対応や危機介入などの展開を行う。

3　チームによる支援

学校での教育相談において特徴的な支援の一つに、チーム支援がある。チーム支援とは、ケアすべき児童生徒に対して、専門機関、スクールカウンセラー、教育相談係、養護教諭、担任教師、その他の関係者がチームを

構成して対応することである。チーム支援の利点としては、①児童生徒理解が多角的で深いものになる、②必要な支援の提供と早期対応が可能になる、③チーム全員でケースを抱えることにより、それぞれの立場を生かした支援が可能になる、といったことが挙げられる。この活動における課題は、チームとしての秘密保持である。学校全体でよりよい援助を行うためにチーム内で情報を共有することはあっても、外部に漏らしてはならないということを共通認識として持つことが大切である。

4　危機管理

　自然災害や火災などの大事件に限らず、虐待やいじめ、暴力といった日常的に起こりうる出来事は、児童生徒にとって心に大きな傷を残す「危機」である。児童生徒のわずかなSOSのサインを見逃さないよう、的確な情報を共有する組織内連携により、問題を未然に防ぐことと、適切な対処が大切である。また、問題が起こった後には、PTSD（心的外傷後ストレス障害）なども懸念されるため、当事者に加え、保護者や友人など周囲の人への心のケアを、組織的に早急、かつ継続的に行うことが重要である。

第3節　教育相談におけるかかわり方

1　相談的なかかわり方

　学校で行われる教育相談は、その機能面から予防的カウンセリング、開発的カウンセリングが中心であり、問題行動を未然に防ぎ、児童生徒の可能性を最大限に伸ばそうとする試みである。これらは、人生で誰もが体験しうる発達課題、生き方の問題、選択の問題といった問題解決の援助、あるいはパーソナリティの成長の援助を目標としており、言語的および非言語的コミュニケーションスキルを用いて人を援助する活動である。
　教育相談で用いる言語的および非言語的スキルは、人間関係の形成と維

持に必要なコミュニケーションスキルであるため、相談業務にかかわらず学習指導や日常生活で進んで取り入れてほしいものである。
- ①言語的スキル：受容、繰り返し（言い換え）、明確化（感情・意味の意識化）、支持（肯定的な承認）、質問（開かれた質問・閉ざされた質問）など。
- ②非言語的スキル：視線、表情、ジェスチャー、声の質や量（大きさや速さ）、服装や髪形（身だしなみ）も重要なメッセージをとなりうる。

2　社会的支援

　教育相談で児童生徒とかかわる際、支援内容を検討するうえで、ソーシャルサポート（社会的支援）の視点が役立つであろう。ソーシャルサポートとは、他者から得られるさまざまな援助のことで、ストレス緩和効果や抑制効果があるといわれている。具体的には次の四つがあり、児童生徒が求めている援助を適宜判断することで、どのサポートが効果的か検討する手がかりとなり、一人ひとりに合わせた丁寧なかかわりが期待される。
- ①情緒的サポート：励まし、慰め、見守り、話を聞くなど、児童生徒を安心させたり勇気づけたりすること。
- ②情報的サポート：進路の情報を与える、分からない問題でヒントを与えるなど、児童生徒の持つ課題の問題解決に役立つ情報を提供すること。
- ③評価的サポート：勉強方法やその結果について、良い点と改善すべき点を指摘するなど、状況について行動を評価し、フィードバックすること。
- ④道具的サポート：放課後に時間をとって学習支援を行うなど、労力、物品、時間、環境調整などの助力を提供すること。

3　心理教育

　学校における個人や集団を対象とした予防的・開発的教育相談の取り組みとして、心理教育プログラムの必要性や展開の可能性が高まっている。

具体的には、ストレスマネジメント教育として、「呼吸法」や「身体的・精神的リラクセーション」など、また「アサーショントレーニング」や「構成的エンカウンターグループ」を取り入れたコミュニケーションスキル向上の実践などがある。これらは、児童生徒の教育相談上の課題を把握したうえで育成する能力を明らかにし、メンタル面の健康の維持・増進に必要な取り組みである。

おわりに

学校における教育相談は、治療的機能が強調されるものではなく、むしろ、早期対応や予防的活動を主とするものであり、生徒指導や進路指導などの教育活動を支える、学校教育の基盤的な機能である。教育相談を充実させるためには、校内体制を整備し、その学校に合った教育相談機能を創造していくことが大切である。そのためには、教職員自身がコミュニケーションスキルの向上やストレスマネジメントを実践し、組織人として教育相談に対する実践活動をすることが必要である。また、児童生徒一人ひとりのニーズを多角的な視点でとらえ、さまざまな時と場所に応じて適切に対処できるようになることが望ましい。

【文献一覧】

会沢信彦・安齊順子編著『教師のたまごのための教育相談』（教師のたまご応援ブックス）北樹出版、2010年

石隈利紀『学校心理学：教師・スクールカウンセラー・保護者のチームによる心理教育的援助サービス』誠信書房、1999年

大野精一『学校教育相談―理論化の試み』ほんの森出版、1997年

春日井敏之・伊藤美奈子編『よくわかる教育相談』（やわらかアカデミズム・〈わかる〉シリーズ）ミネルヴァ書房、2011年

栗原慎二『新しい学校教育相談の在り方と進め方：教育相談係の役割と活動〔第2版〕』ほんの森出版、2002年

国分康孝『カウンセリングの原理』誠信書房、1996年
日本学校教育相談学会刊行図書編集委員会編著『学校教育相談学ハンドブック』ほんの森出版、2006年
深谷和子ほか編『カウンセリングマインドと教師』(児童心理　2011年8月臨時増刊) 金子書房、2011年

第3章 カウンセリングの理論と基礎知識

堀井俊章

はじめに

　文部科学省のガイドライン『生徒指導提要』では、今日、教員がカウンセリングの基本を学ぶ必要性が強調されている。また、教育相談がカウンセリングの考え方をベースに発展してきたことを考えると、カウンセリングの理論と基礎知識を習得する意義は大きい。
　本章では、カウンセリングとは何かを説明したうえで、教育相談に多大な影響を与えたロジャーズ（Rogers, Carl Ransom　1902-1987）のカウンセリング理論について解説し、さらには教育相談やカウンセリングに活用されることのある心理療法の代表的な理論を紹介する。

第1節　カウンセリングとは何か

1　カウンセリングの定義

　「カウンセリング」という言葉は広く社会で使われ、いまや日常用語となっている。そこでは「面談」「相談」「助言」などの意味合いで用いられているようである。これは決して間違った理解ではないが、カウンセリングは専門用語の一つであり、その本来の専門的な意味が社会に浸透しているとは言い難い。
　カウンセリングの専門的な定義は必ずしも一つではないが、ここでは代表的な定義を紹介する。以下は日本カウンセリング学会が米国および英国の定義などを参考に作成した定義である。

　　　　カウンセリングとは、カウンセリング心理学等の科学に基づき、クライエント（来談者）が尊重され、意思と感情が自由で豊かに交流する人間関係を基盤として、クライエントが人間的に成長し、自律した人間として充実した社会生活を営むのを援助するとともに、生涯において遭遇する心理

的、発達的、健康的、職業的、対人的、対組織的、対社会的問題の予防または解決を援助する。すなわちクライエントの個性や生き方を尊重し、クライエントが自己資源を活用して、自己理解、環境理解、意思決定および行動の自己コントロール等の環境への適応と対処などの諸能力を向上させることを支援する専門的援助活動である（『カウンセリングとは何か』2005年、p.4）。

このように、カウンセリングは、「面談」「相談」「助言」などのような一言で説明されるものではなく、専門性に裏打ちされた幅広い要素から構成されていることが分かる。

2　カウンセリングの定義を読み解く

上述したカウンセリングの定義には、五つの解説が付されている（同上書、pp.4-8）。以下にその要点を示す。

①カウンセリングの基盤となる理論は、人間の発達とその促進に関する科学である。

②カウンセリングは、クライエントがカウンセラーから人間として十分に尊重される人間関係を基盤として行われる。

③カウンセリングの目標は三つある。クライエントの人間的成長への援助を中心に、豊かな社会生活の実現への援助、生涯において遭遇する諸問題の予防と解決のための援助の三つである。

④カウンセリングは、クライエントの個性と生き方を尊重することを第一とし、クライエントの自己資源を活用し、それを開発・発展させるとともに、それらをクライエント自身が十分に活用できるようにする援助である。

⑤豊かな社会生活は、人の主体的生き方を保証する条件であり、人の福祉に貢献する条件でもある。つまりカウンセリングは社会的環境と密接に関係しており、カウンセラーは、調和のとれた人間関係、集団、組織および社会の維持や改善など、社会環境の整備に貢献する。

以上のように、カウンセリングはクライエントへの尊重を基盤とした専門的な援助活動であり、その援助目標の中心はクライエントの人間的成長に置かれている。そして、その人間的成長という視点こそが、まさに教育相談の理念に通じるのである。

3　カウンセリングと心理療法

　カウンセリングと類似する用語に「心理療法」がある。両者は内容的に重複する面が大きく、厳密に分けることはできないが、歴史的に見ると、それぞれの起源には違いが見られる。
　アメリカの社会運動家パーソンズ（Parsons, Frank　1854-1908）は職業指導運動を展開し、仕事に就こうとする若者の援助のために職業相談を行い、1908年に職業局（職業相談所）を開設している。これがカウンセリングの起源とみなされている。アメリカではその後、長い間、職業指導の分野でカウンセリングという言葉が盛んに使われるようになる。なお、20世紀初頭に起きた二つの運動、すなわち、心理テストの活用を重視した教育測定運動と、精神病院の患者の待遇改善や精神的健康の維持と予防を求めた精神衛生運動も、カウンセリングの発展に大きな影響を与えている。
　一方、心理療法は、18世紀から19世紀に活躍したオーストリアの医師メスメル（Mesmer, Franz Anton　1734-1815）の催眠療法による病気の治療が最初といわれている。つまり、カウンセリングは「職業相談」として、心理療法は「治療」として、そのルーツを求めることができる。
　歴史的な経緯を踏まえると、カウンセリングと心理療法の立場の違いとして、カウンセリングは、人が生きていくうえで誰もが遭遇しうる発達課題（例：進路、対人関係、人生の問題など）を扱い、その支援を通して人間的な成長を目指す「成長モデル」に立脚する傾向が強い。それに対して心理療法は、病理的な問題を扱い、その治療を目指す「医学モデル」に立脚する傾向にある。

第2節　ロジャーズのカウンセリング理論

1　来談者中心カウンセリングの成立

　1940年代にロジャーズが創始した来談者中心カウンセリングは、今日の教育相談に強い影響を与えている。ロジャーズは従来のカウンセリングについて、カウンセラーが中心であることを批判した。つまり、カウンセラーが「ああしなさい」「こうしなさい」と指示的であったり、何かを押しつけたりすることはあまり意味がないことを指摘した。カウンセラーが指示をしたり、テクニックを駆使したりすることによってクライエントが変わるのではなく、クライエント自身が問題を解決する力を持っているからこそクライエントは変わっていくと考えた。

　ロジャーズは、患者という言葉を使わずクライエント（来談者）という言葉を使っている。ここにも彼の人間観が表れている。ロジャーズは、クライエントを一人の人間として尊重し、クライエントが本来備えた成長の力（実現傾向）を信じ、クライエントを中心にカウンセリングを進めていくことの重要性を訴えたのである。

2　非指示的アプローチから来談者中心カウンセリングへ

　当初ロジャーズは、指示的アプローチに対する批判から、新しい自分のカウンセリングを「非指示的アプローチ」と称していた。しかし、この言葉によって、カウンセラーは受け身的にただ話を聞くだけといった誤解を与え、また、個人の成長を目指すカウンセリングの呼称にふさわしくないという考えもあって、「来談者中心カウンセリング（または来談者中心療法）」という言葉を用いるようになる。

　1940年から1950年にかけて、わが国に来談者中心カウンセリングが導入され、瞬く間に広がりを見せたが、その一方で、カウンセラーは何もしないといった批判がなされることがあった。しかし、ロジャーズ自身がその

ことを明確に否定している。ロジャーズは、技術主義に陥ることに警鐘を鳴らし、技術ではなく「態度」を強調したのである。

3　パーソナリティ変化の6条件

　ロジャーズは、カウンセリングにおいて建設的なパーソナリティ変化が起こる条件として以下の六つを挙げている（『ロジャーズ選集』〔上〕p.267）。

①2人の人が心理的な接触をもっていること。
②第1の人（クライエントと呼ぶことにする）は、不一致（incongruence）の状態にあり、傷つきやすく、不安定な状態にあること。
③第2の人（セラピストと呼ぶことにする）は、その関係のなかで一致しており（congruent）、統合して（integrated）いること。
④セラピストは、クライエントに対して無条件の肯定的配慮（unconditional positive regard）を経験していること。
⑤セラピストは、クライエントの内的照合枠（internal frame of reference）を共感的に理解（empathic understanding）しており、この経験をクライエントに伝えようと努めていること。
⑥セラピストの無条件の肯定的配慮と共感的理解が、最低限クライエントに伝わっていること。

　ロジャーズは他のいかなる条件も必要ではなく、これらの6条件が存在し、一定の期間継続するならば、それで十分であると述べている。
　さて、上記の①では、カウンセラー（セラピスト）とクライエントがそれぞれ心理的に接触していることに気づいているかどうかである。ここでは最低限の条件として指摘されているにすぎないが、ロジャーズは「関係性」を尊重し、カウンセラーとクライエントとの間のラポール（信頼関係）の成立を重視している。②については、自己概念（自分が思う自己像、思い込みの自己像）と実際の経験（本当の自分自身）との不一致を表す。この不一致のためにクライエントは不安定で傷つきやすい状態になっている。

したがって、カウンセリングでは、クライエントは自己概念と実際の経験との一致、すなわち、ありのままの自分に気づき受け入れることを目指す。③は「自己一致」、④は「受容」、⑤は「共感的理解」を表し、後述する「カウンセラーの3条件」と呼ばれている。⑥は受容や共感的理解がクライエントに言語的に、または非言語的に伝わっていることを意味する。

4　カウンセラーの3条件

　ロジャーズはカウンセラーにとって不可欠な態度条件として、次の三つを指摘している。

（1）自己一致

　「純粋性」「真実性」などと表現されることもある。カウンセラーはカウンセリングの中で、自分が体験し、実際に感じていることに気づいていて、必要に応じてその気づきをクライエントに伝えていく。

　人は自分自身に湧き起こる気持ちに蓋をしたり否定したり、自己を偽る「仮面」のようなものをかぶってしまうことがある。しかし、カウンセラーはカウンセリングの中で、ありのままの自分に気づき、誠実にクライエントに向き合うことが求められる。このような態度があってこそ、クライエント自身もありのままの自分への気づきが促進されるのである。

　一般に、ロジャーズの理論は「受容」と「共感的理解」の二つが注目されやすいが、「自己一致」は、カウンセラーの態度条件として最も根本的なものとして重視されている。

（2）受容

　「無条件の肯定的配慮」「無条件の積極的関心」などとも言う。クライエントが自由に自己表現ができるように、カウンセラーは温かい態度で許容的な雰囲気をつくる。カウンセラーは「これならば受け入れる」「これならば受け入れない」などと条件をつけるのではなく、クライエントを一人の価値ある人間として尊重し、ありのままのクライエントに関心を持ち、クライエントをそのまま受け止めていくのである。

　カウンセラーのこのような態度によって、クライエントは自分の存在を

受容してもらうという体験をする。そのことがあってこそ、自分自身を受け止めていくことができるようになるのである。

　なお、受容について、子どもの非行などの反社会的行動までも肯定するのか、といった批判がなされることがある。無条件の肯定的配慮は、現実には完全に満たすことは困難であり、行動についての制限が必要になるときもある。もちろん、反社会的行動を起こした子どもが内省し、自分の罪に向き合えるようになるためにも、そうせざるを得なかった子どもの気持ちを受け止めていく態度は大切である。しかし、「気持ちは理解するが、行為は認められない」と、はっきりと子どもに伝えることが求められる。

（3）共感的理解

　「共感」「感情移入」とも呼ばれる。カウンセラーは、クライエントの内的な世界（枠組み）をあたかも自分自身のものであるかのように感じ取る。

　これは、クライエントの立場に立って理解する態度の重要性を指摘したものである。ただし、「あたかも〜のように」と表現されているように、クライエントの気持ちに寄り添いながらも、決して同情したり巻き込まれたり、同一視したりすることではない。つまり、お互いの違いや独自性をよく認識したうえでの共感なのである。

　またカウンセラーは、クライエントの内的な世界を正確に感じ取り、理解できたかどうか、クライエントに確認を求めることも必要である。深い共感的理解がなされたとき、クライエントは「分かってもらえた」という安心感を持つだけでなく、これまでに見えていなかった自分の一面への気づきが促されることになる。

　以上のカウンセラーの3条件は、カウンセラーの基本的態度であり、今日、教員に必要な資質として取り上げられる「カウンセリング・マインド」という考え方のベースとなっている。

第3節　代表的な心理療法の理論

1　精神分析

　オーストリアの精神科医フロイト（Freud, Sigmund　1856-1939）が創始した精神分析の理論は、「無意識」という概念に代表されるように、人の心のさまざまな事象を解き明かしてきた。

（1）局所論

　フロイトの基本理論の一つである局所論は、人の心を「意識」「前意識」「無意識」の3層に分ける。意識は、いま気づいている心の部分であり、前意識は、ふだんは忘れていて意識していないが努力によって思い出そうとすれば思い出せる（意識化できる）心の部分である。無意識はその内容が意識化されないように心の深くに抑圧されている心の部分である。その思い出したくない抑圧されたもの、たとえば、その人にとって受け入れ難い怒り、憎しみ、悲しみ、恐怖などの感情や葛藤が心身の病的状態や不適応行動に影響を与えていると考える。したがってセラピーでは、自由連想法（クライエントが心に浮かんだことを選択せずにありのままに話していく）などを用い、抑圧からの解放（無意識の意識化）を目指すことになる。

（2）心的構造論

　心の構造を「エス」「自我」「超自我」の3領域に分ける考え方である。エスとは本能的衝動、つまり無意識の生物的・本能的エネルギーの源である。エスは快楽原則（不快を避け、快を追求する傾向）に従う。自我は、現実吟味・知性の機能を持ち、人格の安定を維持しようとする働きを担う。自我は、現実原則（外界・現実の要請に合わせる傾向）に従うため、快楽原則に従うエスとは対立する。超自我は、良心・道徳性の機能を持ち、幼児期の両親のしつけや社会規範が内在化されてできたものである。

　エスが強すぎると衝動的行動に走り、超自我が強すぎると完璧主義により強迫傾向になったり、非現実的な自己批判によりうつ状態になったりす

る。エス、自我、超自我の三者のバランスが崩れると不適応をもたらす。したがって、セラピーではエスや超自我の調整の担い手である自我を強化したり、三者の調和を目指したりすることになる。

2　分析心理学

スイスの精神科医ユング（Jung, Carl Gustav　1875-1961）が提唱した心理療法理論は「分析心理学」と呼ばれている。スイスに留学した河合隼雄（1928-2007）が1960年代に分析心理学をわが国に紹介し、それまで来談者中心のカウンセリングが主流であったわが国のカウンセリングや心理療法の世界に新風を吹き込んだ。

（1）個性化の過程

「個性化」は分析心理学の最も重要な概念である。一見困ったように見える症状や問題行動には実は意味があり、変容や成長をもたらす契機ととらえる。そして、無意識から産出されてくるイメージの中にこそ、その人自身の答えがあり、セラピーでは、その答えを見いだしていくプロセスを重視する。そのプロセスが個性化の過程であり、それは自己に内在する可能性を実現することでもあるため、「自己実現の過程」ともいわれる。それは症状や問題行動の改善にとどまらず、人生の究極の目的でもある。フロイトは「無意識を意識が受け入れ難いネガティブなものととらえた」のに対し、ユングは「無意識を深く信頼し、無意識の持つ治癒力や創造性を尊重していた」のである。

（2）イメージの世界

分析心理学では、イメージの世界を重視することが特徴である。ここで言うイメージとは、心の中に思い浮かべる姿や情景などという表層意識的なものではなく、心の深層から、意識の支配を受けず、ある程度の自律性をもって産出されてくるものを言う。セラピーでは、クライエントのイメージの表現のために、夢、箱庭、描画などがよく活用される。セラピストは、クライエントがイメージの世界を十分に体験できるように援助する。その際、セラピストは自分の力によって「治す」という態度を捨て、クラ

イエントが未知の世界に臨む、その協力者として見守り向き合う姿勢が求められている。

3　認知行動療法

認知行動療法はプラグマティズム（実用主義）を基盤とした心理療法であり、広義には行動療法と認知療法の総称といわれ、狭義には認知療法を指すこともある。

（1）行動療法

1950年代にウォルピ（Wolpe, Joseph　1915-1997）とアイゼンク（Eysenck, Hans Jurgen　1916-1997）らが開発した心理療法であり、学習理論（経験による比較的永続的な行動変容に関する理論）をベースにしている。行動療法では、心の悩みや症状を心の内面の問題ではなく不適応行動とみなし、不適応行動は誤った学習や適応的行動の未学習による結果ととらえる。したがって、行動療法では望ましい適応行動を積極的に習得させることによって不適応行動の変容を図ろうとする。

（2）認知療法

1960年代にベック（Beck, Aaron Temkin　1921-）が開発した心理療法であり、その特徴は、クライエントの認知（ものの受け取り方や考え方）に焦点を当てることにある。つまり、心の悩みや症状は否定的で悲観的な認知から生じるととらえ、そのゆがんだ認知をより現実的で適応的な認知に修正することで問題の改善を図ろうとする。なお、1950年代後半に開発されたエリス（Ellis, Albert　1913-2007）による論理療法は、認知療法と基本的な考え方は同じである。

おわりに

本章ではカウンセリングと心理療法に関する代表的かつ伝統的な理論を紹介した。カウンセリングと心理療法は他にも多数の理論が存在し、近年では、伝統的な理論の特徴を生かしながらも、現代に適合した新しい考え方も誕生しつつある。教育相談の発展のためには、カウンセリングや心理

療法の理論の果たす役割が大きいことを考えると、今後もカウンセリングや心理療法の新しい動向に注目する必要がある。

【文献一覧】

池田久剛『カウンセリングとは何か　理論編』ナカニシヤ出版、2003年

河合隼雄『ユング心理学入門』培風館、1967年

河村茂雄編著『教育相談の理論と実際：よりよい教育実践をめざして』図書文化社、2012年

佐治守夫・飯長喜一郎編『ロジャーズ クライエント中心療法：カウンセリングの核心を学ぶ〔新版〕』有斐閣、2011年

田上不二夫・小澤康司「カウンセリングとは何か」下司昌一 編集代表『カウンセリングの展望：今、カウンセリングの専門性を問う』）ブレーン出版、2005年、pp.3-15

瀧本孝雄『カウンセリングへの招待』サイエンス社、2006年

楡木満生・田上不二夫編『カウンセリング心理学ハンドブック：日本カウンセリング学会企画日本カウンセリング学会「認定カウンセラー養成カリキュラム」』〔上巻〕金子書房、2011年

福島脩美『総説カウンセリング心理学』金子書房、2008年

福島脩美ほか編『カウンセリングプロセスハンドブック』金子書房、2004年

松原達哉編『カウンセリング実践ハンドブック』丸善、2011年

文部科学省『生徒指導提要』教育図書、2011年

ロジャーズ, C.R. 著、カーシェンバーム, H.・ヘンダーソン, V. L. 編（伊東博・村山正治 監訳）『ロジャーズ選集：カウンセラーなら一度は読んでおきたい厳選33論文』〔上〕誠信書房、2001年

第4章

児童生徒理解の方法

友納艶花

はじめに

　教師の職に就くと、授業とは別に、気になる子どもの行動や情緒問題などに関する保護者の一本の電話から始まる相談事が増えてくる。たとえば、子どもが朝起きられない、学校に行くのを渋る、人の目が怖いと言っている、などがある。そして、教師側も集中力が持続できず、元気すぎて困ってしまう子、逆にやる気がなく授業中居眠りが多い子など「どうすればよいのか」という苦慮するケースにぶつかることが多々ある。実は、これらの場面には、子どもたちが困っている、理解と援助を求めているサインが潜んでいると考えてよい。

　本章では最初に、児童生徒の心理行動を理解するための基礎知識を紹介し、その後、理解を深めるための具体的な方法をシンプルに説明していく。

第1節　児童生徒を理解するための基礎知識

　IT時代を迎え、情報機器に関しては大人より精通している子どもが増えている。不登校、いじめ問題には依然として「キレやすく」「引きこもり」「空想性」を持つ分かりにくい問題行動の現象がひそかに生じている。そこで、彼らの心理的問題を理解するための基礎知識を把握しておく必要がある。

1　児童生徒が示しやすい心理的問題の反応

　学校生活を送る中で、子どもたちには個人の発達上での課題、個人内ストレス、家庭・社会的環境などの要因が常に影響し合っている。それを適切に処理できない状態に陥ると、三つのストレス反応（問題行動）が強く現れてくる（**表1**）。その反応が過度になった場合に、自殺という行動が生じることがある。2007（平成19）年3月の文部科学省の児童生徒の自殺予防に向けた取組に関する検討会第1次報告「子どもの自殺予防のための

表1●児童期・青年期に起こりやすい反応例

身体	頭痛、腹痛、不眠、吐き気、ぜんそく、過敏性腸症候群、下痢、じんましん、アレルギー性症候群、ひん尿、円形脱毛症、てんかん、ヒステリー、その他
行動	不登校、いじめ（ネットいじめ含む）、かんしゃく、リストカット、対人恐怖、引きこもり、抜け毛、チック、吃音、場面緘黙、怠学、非行、うそ、盗み、薬物乱用、暴力、その他
精神	イライラ、抑うつ、過緊張、恐れ、躁状態、悲観、落ち込み、無気力、不安、脅迫性、情緒不安定、集中困難、自責感、喪失感、自殺念慮、その他

（筆者作成）

取組について」では、子どもの自殺問題とうつなどメンタル部分との関連性が明らかになっていることが示され、早期に児童生徒の心理的危機問題を理解する必要性が提示されている。

2　行動レベルから見る不適応問題の分類

学校不適応問題の大部分は心理的・情緒的理由により起こるものであるが、行動レベルでの表れ方としては、次のように考えられる。

① 「非社会的行動」：対人的・社会的な接触を避けようとする「静的」問題行動で、放置する時間が長くなるほど、心身の発達と成長に弊害が生じてしまう。

② 「反社会的行動」：社会規範や秩序を明らかに反し、許容以上に逸脱する「動的」問題行動で、初期段階での対応が極めて重要である。

③ 「学習到達度・習得度の違いによる問題行動」：学業不振児の学習意欲の欠如、無気力、あるいは学業への固執しすぎにより引き起こされる問題行動である。

④ 「発達課題達成度の違いによる問題行動」：通常の学級の中で、身体的技能、対人関係、言語能力、情緒などの側面での発達課題達成度の違いにより、学校不適応を引き起こすことである。

3　適応・不適応問題行動発生の力動的心理メカニズム

学校不適応を引き起こす問題行動発生の力動的メカニズム（次頁**図1**）を理解することは不可欠である。本能的欲求・衝動の調整役である「自我」の健

図1●問題行動発生の力動的メカニズム

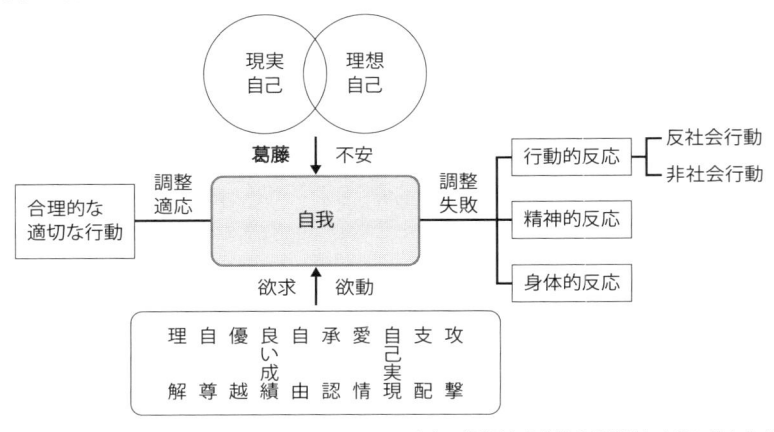

```
            現実    理想
            自己    自己

              葛藤  ↓不安          ┌─ 行動的反応 ─┬─ 反社会行動
       調整適応      調整失敗      │              └─ 非社会行動
合理的な ──────  自我  ──────────┼─ 精神的反応
適切な行動                          │
              ↑欲求 ↑欲動          └─ 身体的反応

    理 自 優 良 自 承 愛 自 支 攻
    解 尊 越 い 由 認 情 己 配 撃
              成          実
              績          現
```

出典：『図説臨床精神分析学統』を基に筆者作成

全な成熟が健康的なパーソナリティ形成につながる中心機能を担っている。

4　理解をするときの留意点

　子どもたちの内的要因、外的環境要因（家庭・社会・情報など）を十分に把握し、指導・援助方針を見いだすことが必要である。また、発達途上で生じている一時的な問題行動なのか、そうでないのかなどを十分に見極めることが大事である。その見極めの過程では、児童生徒に関する資料収集と適切な心理的アセスメントを用いることが重要になってくる。

第2節　資料収集による方法

　日ごろの忙しさに情報を記録するのを忘れて、おろそかになる場合がある。「あのときに、メモしていたらよかったのに」と後の祭りの空しさを味わうことにならないように、ふだんから資料を集めて、要領よく記録をして、相談や援助活動に素早く役に立つように心掛けておくことが肝要である。以下、資料収集を行う目的と方法、その重みと活用時の留意点を述

べておく。

1　資料収集の目的

　文部科学省は、1981（昭和56）年の「生徒指導の手引（改訂版）」と1983（昭和58）年の「児童理解の方法と資料の活用」に続き、2011（平成23）年に新しい『生徒指導提要』を発表した。提要では、資料収集の目的を「的確な児童生徒理解に基づいた生徒指導を行うことです。個人情報保護法の施行により、学校も児童生徒についての資料の収集や取扱いにこれまで以上の注意を払わなくてはならなくなっていますが、児童生徒の自己実現を目指し、自己指導能力を育成するためには、児童生徒をより深く理解する必要があります。それは、児童生徒、また、彼らを取り巻く環境について、計画的、多面的、継続的に資料を収集、共有することから始まります」（p.66）と明記してある。

2　資料収集の方法

　教育相談で活用できる資料収集を行うためには、一般的には次頁**図2**で示した方法が挙げられる。
　①観察法：日常学校場面で人為的に統制を加えない状況の下で、自然にありのままを観察する方法と、対象・時間などを限定し統制条件の下で刺激を与えて観察する方法がある。朝の挨拶から始まり、学校生活場面などでの状況を一人ひとり丁寧に、さりげなく観察していく必要がある（次頁**表2**）。
　②実験法：厳密に条件統制された環境の下で、ある現象に関係のある独立変数（原因に相当）に対して組織的に操作を加え、それらの変数と現象との関係を明確にする方法である。たとえば、指導の種類が独立変数なら成績との関連などを検討し、適切な指導方法などを工夫することである。
　③面接法：「自主来談面接」「チャンス面接」「呼び出し面接」などがあり、対面のコミュニケーションをとることである。構造化、半構造化、

図2●資料収集の方法

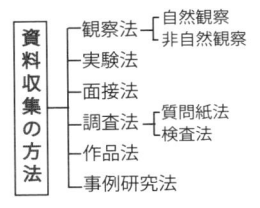

```
          ┌ 観察法 ┬ 自然観察
          │       └ 非自然観察
資料      ├ 実験法
収集      ├ 面接法
の        ├ 調査法 ┬ 質問紙法
方法      │       └ 検査法
          ├ 作品法
          └ 事例研究法
```

(筆者作成)

表2●学校生活における観察ポイント例

学校生活	・授業態度 ・部活動での様子 ・休み時間の過ごし方 ・落ち着きがなく多動 ・友人関係・教員とのかかわり方
学業成績	・極端な不得意教科がある ・特定領域に関心がない ・成績が急に変化する
身体情緒	・しょっちゅうトイレに行く ・不安が高い ・よく泣く ・リストカット
家庭生活	・朝食を食べていない ・服が常によれよれ状態 ・眠そうにしている ・体に傷やあざがある
個人性格	・我慢強い ・神経質 ・攻撃的 ・空想的

(筆者作成)

非構造化形式があるが面接のときは守秘義務について伝えておく。また、内容によって面接者から他者（他の教員）に情報提供が必要と判断した場合は、本人の了承を得ることが必要である。

④調査法：質問紙法と検査法がある。

　質問紙法は、質問項目あるいは信頼性・妥当性が確立された評定尺度を用いて比較的短時間で多数の児童生徒の意識的部分や状況実態を把握することができる。回答方法には、2件法（はい、いいえ）、3件法（はい、いいえ、どちらとも言えない）などがある。問題の早期発見や児童生徒理解に導入しやすい方法である。

　検査法は、標準化された各種の心理検査を用いて、得られた知見を基に児童生徒に対して客観的に理解を深め、彼らの部分像あるいは全体像を把握しようとする方法である。

⑤作品法：児童生徒が授業や学校場面で作成した図画工作や、音楽などの芸術作品、作文、日記など自己表現した成果を用いる方法である。

⑥事例研究法：ふだん記録整理した資料を基に、一人あるいは複数の児童生徒について多方面から情報の共有・分析を行い、適切な援助方策を組織的に探り、促進する方法である。事例研究会を開いて行うことが一般的である。

3　行動観察の重要性

　文字どおり児童生徒の行動を観察することであり、資料収集において重要な一つの方法である。特に、年齢が低い時期の児童生徒を対象とする場合は、言語能力がまだ不十分なため有効である。**表2**で示した学校場面や環境条件が異なるとき、時間経過の中で言動の特徴を的確に把握し、その意味を理解できるように心がけることが大事である。行動観察者の姿勢・態度については「あたかも自分の『全身が目になった』ようになる」（『臨床心理学への招待』p.87）ことが求められる。聴く耳と観察する目を持ち、微妙な表現も見逃さないことである。また、「言語」的行動要素だけでなく「非言語」的行動要素、あるいは言語的行動の中に含まれる「非言語」的行動要素から心の内面の問題をより的確に把握することが重要である。非言語的行動要素とは、視線、表情、声の抑揚、呼吸、身なり、姿勢、動きなどである。言語・非言語的行動を正確に把握し、情報を見分ける力を身につけておこう。そして、観察の際には、教員自身が関与している姿勢が重要である。サリバン（Sullivan, Harry Stack　1892-1949）の表現で有名な「関与しながらの観察」を行うことが必要である。

4　収集資料活用時の留意点

　まずは、偏見など主観に流されることなく本当に児童生徒を正しく理解できているのか常に自問する態度を持つことである。また、プライベートに関連する内容は介入が難しい部分であるが、問題が生じていないふだんの時期から保護者との交流を構築し、信頼関係を形成しておくことがポイントになる。さらに、学校種間、関係関連機関との連携による情報共有に当たっては、個人情報保護による取り扱い、資料保管に十分に注意をする

必要がある。児童生徒の問題によっては、児童相談所、警察、医療機関、福祉施設など地域社会のさまざまな関連機関と情報共有をする体制を整えることが大切である。その際には、評価的・批判的に判断するのではなく、受容的・共感的態度を持って接することに留意する必要がある。

第3節 心理的アセスメントによる方法

　教育現場の教員も一人の感情を持っている人間として、ときには優しく、ときには厳しく指導に全力を尽くしている。ところが、児童生徒の心理・行動的特徴を深く理解するためには、より客観的で、彼らの可能性を探る心理的アセスメントを活用する必要が生ずることがある。心理面接、心理テスト、行動観察による三つの方法があるが、以下、代表的な心理テストについて簡潔に解説する。

1　心理テストの種類

　基準によって若干異なるが、測定の目的と方法によって能力検査と性格検査に分類される（図3）。

2　性格検査

　パーソナリティ検査とも呼ばれ、人間の基本的な行動傾向を図る。児童

図3●心理テストの種類

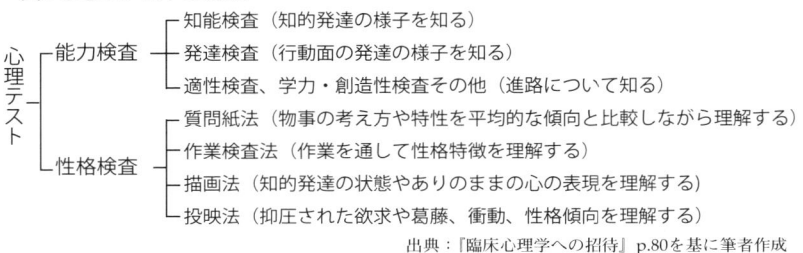

```
心理テスト ┬─ 能力検査 ┬─ 知能検査（知的発達の様子を知る）
          │          ├─ 発達検査（行動面の発達の様子を知る）
          │          └─ 適性検査、学力・創造性検査その他（進路について知る）
          └─ 性格検査 ┬─ 質問紙法（物事の考え方や特性を平均的な傾向と比較しながら理解する）
                     ├─ 作業検査法（作業を通して性格特徴を理解する）
                     ├─ 描画法（知的発達の状態やありのままの心の表現を理解する）
                     └─ 投映法（抑圧された欲求や葛藤、衝動、性格傾向を理解する）
```

出典：『臨床心理学への招待』p.80を基に筆者作成

表3●理解水準と性格検査項目例

児童生徒の表層 （意識）の理解	Y-G性格検査、東大式エゴグラム（TEG）、CAS不安測定検査、ミネソタ多面的人格目録（MMPI）など
浅い深層部分 （前意識）の理解	精研式文章完成法（SCT）、動的家族画（KFD）、作業検査法など
児童生徒の深層心理 （無意識）の理解	バウムテスト、ロールシャッハ・テスト、主題統覚検査（TAT、CAT）、欲求不満テスト（P‐Fスタディ）など

（筆者作成）

生徒への理解水準と性格検査の種類を**表3**に示している。

（1）質問紙法

信頼性・妥当性が検証され標準化された質問紙を用いて回答を求めて判断する。作為回答、「文化」相違による言葉のとらえ方の違いなどに注意が必要である。

① Y-G性格検査（矢田部ギルフォード性格検査）

1951（昭和26）年、矢田部達郎（1893-1958）らが、アメリカのギルフォード（Guilford, Joy Paul 1897- 1987）のパーソナリティ検査をモデルに、日本人を対象に独自の質問内容を考案し標準化した検査である。「抑うつ性、回帰性傾向、劣等感、神経質、客観性、協調性、愛想、一般的活動性、のんきさ、思考的外向、支配性、社会的外向」という12の性格特性と6因子で構成され、学童用、中学用、高校用、成人一般用がある（竹井機器）。結果がプロフィールによって描かれ、「平均型」「安定消極型」「安定積極型」「不安定消極型」「不安定積極型」の五つのタイプに分類される。

② 東大式エゴグラム（TEG）

アメリカ精神科医バーン（Berne, Eric 1910-1970）の交流分析理論を基に日本で標準化された。批判的な父親的状態（CP）、養育的な母親的状態（NP）、合理的に考えている大人的な状態（A）、自由奔放な子どもの状態（FC）、従順な子どもの状態（AC）の五つの自我状態に分類され、心的エネルギーの配分量が示される（**図4**）。それぞれの自我状態は、得点が高い場合であっても低い場合であっても、ポジティブな側面とネガティブな側面がある。たとえば、NPの得点が高いとき、思いやり、優しさなどの

図4 ●エゴグラムパターンの例

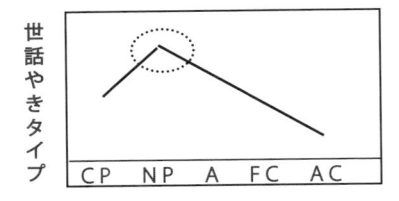

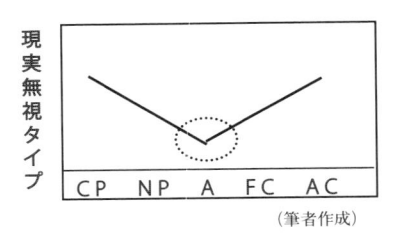

世話やきタイプ　　CP NP A FC AC

現実無視タイプ　　CP NP A FC AC

（筆者作成）

長所を持っているが、過保護、世話をやきすぎるなどの短所が考えられる。また、Aの得点が低い場合、問題解決能力の不足や空想的になりがちが考えられる。そこで、児童生徒が、各自の自我状態がどのように機能しているのかを理解し、対人関係改善のために有効に利用することができる。

（2）投映法

曖昧な模様、絵、文章などを与え、刺激に対して表出された内容（言語的反応が中心）から、検査者が一定の基準に基づいて、より無意識的レベルの性格特徴や問題点を判断する。

① バウムテスト

スイスの心理学者コッホ（Koch, Karl　1906-1958）が精神診断の補助手段として考案したものである。Ａ4版の白紙に「実のなる木」の絵を描いてもらい、そこに投影される被験者の性格特徴を読み取ろうとする。3歳以上の幼児から成人まで幅広く利用可能である。空間象徴を中核理論として、次に筆跡学の理論に基づいている。被験者の態度・行動、バウムの全体的印象、人物像の分析、空間領域から検討を行う。さらに形式分析（筆記の強弱など）、内容分析（木の種類、樹冠など）を用いて分析・解釈する。**図5**は不登校の中学生の8泊9日のキャンプ生活前後の描画である。キャンプ前のバウム画を見ると、用紙にぎりぎり入るぐらい大きくて、爆発したあとの濃煙のような樹冠が描かれて、感情の高揚や不安が強く、対人関係面で困難を抱えていることが考えられる。キャンプ後のバウム画では、樹冠と幹の比率が前に比べてバランスが取れて、なお、樹冠の描き方に穏やかさが感じられ、感情の落ち着きなどの変化が見られた。周囲との関係性に

図5●バウムテストの例

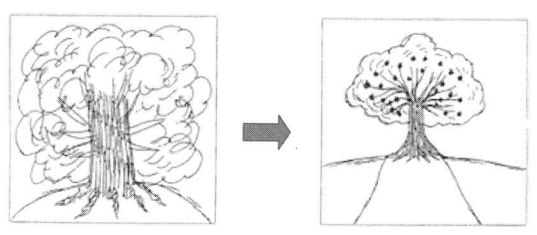

出典:『臨床心理学のすべてがわかる本』

図6●ロールシャッハ・テスト図版例

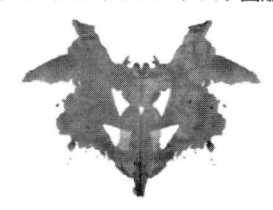

出典:Rorschach, Hermann,1921, Verlay Hans Huber
（日本出版：日本文化科学社）

変化が見られたことが裏づけられたと考えられる。

　②ロールシャッハ・テスト

　スイスの精神医学者ロールシャッハ（Rorschach, Hermann　1884-1922）が1921年に創案した代表的な投映法の一つである。無彩色図版5枚、有彩色図版5枚の計10枚のカードにインクのしみをたらしてできた、それぞれの形が何に見えるかといった反応から個人の心理的特性を把握しようとする（**図6**）。5歳ぐらいから成人まで、図版を見て言語表現できる人であれば実施可能である。

　結果は主に、反応領域（全体・部分・空白部分など）、決定因（形・色・材質など）、反応内容（動物・人間・植物など）から判定する。知的能力、社会への適応状態、自己統制力、情緒不安定など個人のパーソナリティ特徴を総合的に診断する。結果の解釈については、十分なトレーニングを受けてから行うことが肝心である。

（3）内田クレペリン作業検査法

　内田勇三郎（1894-1966）が、1920年代にドイツの精神科医クレペリン（Kraepelin, Emil　1856-1926）による連続加算という方法を導入して考案した

日本独自の作業検査法である。連続加算作業の単位作業時間を1分間とし、前期15分の作業、5分間の休憩、後期15分の作業を行う。描かれた作業曲線は、心理的活動を5因子とし、意思緊張・興奮・疲労・慣れ・練習効果を見ることを通して物事の処理能力と性格特徴を診断する。

3　能力検査

　知的場面において問題を効果的に解決していく知的能力を測定する。以下、主要な能力検査の方法と解説の仕方を述べる。

(1) 知能検査

　個別式と集団式（言語式、非言語式、混合式）に分けられる。ここでは、学校臨床場面によく用いられる個別式の代表検査を紹介する。

　①ウェクスラー式知能検査

　元ニューヨーク大学教授ウェクスラー（Wechsler, David　1896-1981）により開発され、診断的知能測定を目的とした検査である。幼児用（WPPSI）、児童用（WISC-Ⅲ、WISC-Ⅳ）、成人用（WAIS-R、WAIS-Ⅲ）検査があるが、WISC-Ⅳについて紹介する。これまで学校臨床では、WISC-Ⅲが広く使われていたが、臨床的有用性を高めることや心理測定特性の改善、使いやすさなどを向上させるために新しく改訂されたWISC-Ⅳの使用が普及しつつある。原版は2003（平成15）年、日本版は2010（平成22）年に標準化され、ウェクスラー式知能検査の特徴であった、言語性IQ（VIQ）、動作性IQ（PIQ）という概念がなくなり、四つの指標（**表4**）と全検査IQ（FSIQ）で構成され、合成得点から子どもの知的発達の様相をより多面的に把握できるようになった。適用年齢は5歳0カ月（原版：6歳0カ月）～16歳11カ月である。従来に比べ、実施時間を短縮し、各指標で評価する認知能力をより正確に反映するようになった。下位検査レベルでは、子どもたちの個人内の比較的強い能力と弱い能力を確認することが可能となっている。

　②その他の個別式知能検査

　一般的知能水準を測定し、精神年齢によって表す田中ビネー式、鈴木ビネー式検査、幼児・児童の知能を認知的処理過程と習得度から測定する

表4●四つの指標と15の下位検査

指標名称	下位検査
言語理解指標（VCI）	類似、単語、理解、知識、語の推理※1
知覚推理指標（PRI）	積木模様、絵の概念※1、行列推理※1、絵の完成
ワーキングメモリー指標（WMI）	数唱、語音整列※1、算数
処理速度指標（PSI）	符号、記号探し、絵の抹消※1

※1は新下位検査。知識・語の推理・絵の完成・算数・絵の抹消は補助検査項目

出典：『理論・解釈マニュアル』を基に筆者作成

K-ABC心理・教育アセスメントバッテリー、そして教示に言語要因を含んでいないため、障害児（聴覚障害、言語障害など）に用いやすいコース立方体組み合わせテスト知能検査などがある。

（2）発達検査

発達スクリーニング検査と発達診断検査がある。遠城寺式乳幼児分析的発達検査法、津守式乳幼児精神発達診断法、新版K式発達検査などがある。各領域における発達状態について、生活経験などの関連を十分に考慮して、可能性、発展性を視野に定期的に実施することが望ましい。

（3）その他の適性検査、学力・創造性検査

学習における指導、援助や進学・進路指導などに役立てるための検査がある。SG式進路発見検査、ATAC進路適性診断テスト、職業レディネス・テスト、VPI職業興味検査などがある。

4　テスト・バッテリーと心理テスト活用上の注意点

テスト・バッテリーとは、一つの心理検査で総合的人格像を理解することは難しいため、いくつかの心理検査を組み合わせて実施することを指す。それぞれの心理検査が明らかにする側面と、特徴などを十分に把握して有効に活用することが望ましい。実施に際しては、実施の目的、何が明らかになり、どのように役立つのかなど、インフォームド・コンセント（説明と同意）を行わなければならない。実施後の結果の扱いには人権などへの配慮が必要であり、専門性が高い検査は訓練を受けた専門家による実施・解釈が望ましい。

おわりに

　以上、児童生徒を理解するための資料収集の方法と心理的アセスメントの方法・解説について述べてきた。これらは、特別な相談の場のみでなく、状況に応じて補助的・客観的手法として用いることが大切である。特に、教師に求められることは、児童生徒の可能性・発展性を常に考えながら肯定的な姿勢でかかわることである。また、心理、医療、福祉など専門家を含めた校内外連携を行うことも心掛けておく必要がある。そして、何よりも教師が自信を持って児童生徒の見えにくい心の世界を理解できるように、教師自身が知識を深めておくことが肝要である。

【文献一覧】

　　氏原寛・亀口憲治・成田善弘・東山紘久・山中康弘編『心理臨床大事典〔改訂版〕』培風館、2004年

　　願興寺礼子・吉住隆弘編『心理検査の実施の初歩』（心理学基礎演習 vol.5）ナカニシヤ出版、2011年

　　澤田丞司『心理検査の実際〔改訂版〕』新興医学出版社、2004年

　　椙山喜代子・渡辺千歳『生徒を理解する：生徒指導・教育相談』学文社、1999年

　　野島一彦編著『臨床心理学への招待』ミネルヴァ書房、1995年

　　前田重治『図説臨床精神分析学　続』誠信書房、1994年

　　松原達哉編著『臨床心理学のすべてがわかる本：史上最強カラー図解』ナツメ社、2010年

　　文部化学省『生徒指導提要』教育図書、2011年

　　ウェクスラー, D.（日本版WISC-IV刊行委員会訳編著）『WISC-IV知能検査　理論・解釈マニュアル』（日本版WISC-IV知能検査）日本文化科学社、2010年

第5章

事例研究の意義と進め方

羽田紘一

はじめに

教育相談を進めていくには、一人ひとりの児童生徒の異なる教育的ニーズに的確に応える必要がある。そのためには、児童生徒の示す問題の理解を深めることや指導過程を検証することが求められる。「事例研究（Case Study）」は、その検証方法の一つとして有効であるといわれている。本章では、事例研究の意義や進め方について述べる。

第1節　事例研究とは

1　事例研究の意味

当該児童生徒の教育上配慮すべき事柄について、実際的な指導法・解決策を見つけ出すことを目的として行う。当該児童生徒について、日々の観察記録、面接記録、調査結果等、多方面の資料を収集し、総合的に検討して、児童生徒の指導を改善するための方向性を見つけ出すための手法である。

事例研究は、複数のメンバーによって行う。メンバー各人の知識・経験に基づく意見交換によって、当該児童生徒の教育上配慮すべき事柄について理解を深め、効果的な指導のあり方を求めるものである。

2　事例研究の意義

児童生徒の指導を始めると、教師は自分の経験を基にした児童生徒観や指導観を持つようになるが、ともすると陥りやすい傾向がある。
①固定的な見方をしがちであること：個々の教師が児童生徒の言動について考えるとき、その判断が固定化される傾向がある。
②教師は、児童生徒に高い要求水準を持って接する傾向があること：指導に際して要求する水準を、ともすると高く設定しがちである。
③事実に基づかない推測・憶測をすること：伝聞による情報や自分の過

去の経験のみを当てはめて結論を出そうとする傾向がある。

　児童生徒の示している様子や教育上配慮を要する行動や問題を、過去の自分の体験にのみ当てはめて考えたり、ラベリングする（症状名をつける）ことによって指導計画を立て、指導しようとする傾向が顕著である。このような傾向は、児童生徒を正しく指導できないばかりか、教師と児童生徒、保護者との信頼関係形成をも妨げることになる。

　事例研究を行うことには、次のような意義がある。
　①対象となる児童生徒を多角的に理解することができる。
　②指導に当たる教師が柔軟な思考力を身につけることができる。
　③教師の自己理解を深めるのに役立つ。
　④教師の相互理解を深め、チームワークを築くのに役立つ。

　一人ひとりの児童生徒は、それぞれに多様な特徴を持っている。指導に当たる教師がその全てを理解しているつもりであっても、その教師の指導経験や知識の程度などから、理解の仕方や指導内容・方法にその教師特有の傾向が出ることは避けられない。理解や指導内容が当該児童生徒の教育上配慮すべき事柄に適合すればよいが、十分に応えきれていないこともありうる。複数のメンバーで事例研究を行うことによって、他者の意見を参考にして別の側面から児童生徒を理解することができる。

　学校における児童生徒指導は、担任教師や特定の教師による個人プレーではない。その学校の教育目標にのっとって行われるチームプレーである。事例研究を行うことによって、教師が互いにその特徴を理解しつつチームを作って指導する契機とすることができる。

3　「教育的診断」のプロセスと事例研究を行う時期

　児童生徒の教育上、特に配慮を要する行動や問題点を正確につかみ、適切な指導計画を立てて指導するには、たどるべき手順がある。その手順は以下のとおりである。
　①児童生徒の教育上、特に配慮を要する行動や問題点の「事実」を正確
　　につかみ記述する。

②その行動や問題点の今までの経過を詳しく知る。㋐その問題点はいつ始まったのか、㋑それはどのように変化したのか、または変わらないのか、㋒生育歴上に特筆することはないか、㋓これまでに、どこでどのような指導を受けたのか、など。
③①、②の情報を基にして、今の問題点がなぜ生じて、なぜ今まで続いているのかということについて「仮説」を立てる。
④仮説に基づいて、指導内容・方法を考えて指導計画を作る。
⑤その指導計画による指導を一定期間続けると、どのような効果があるか「予測」を立てておく（予後を推測するという。指導効果の評価のために必要である）。
⑥一定期間の指導を行う（学校の場合、おおむね学期単位を想定する）。
⑦①に戻って指導効果を「評価」し、②以下の手順を指導終結まで定期的に繰り返す。

この「教育的診断のプロセス」に必要なのが事例研究である。
事例研究は、次のような場合に行われる。
①教育上、特に配慮を要する児童生徒の指導を始めようとするとき：教育上の問題点を確認し、指導方針を決めるために行う。
②一定期間指導した後に指導過程を評価し、その後の指導計画を立てるとき：指導計画は、一種の仮説である。仮説にのっとった指導でどのような変容が見られたかを確認する必要がある。指導効果が上がっていれば、仮説に基づく指導内容が適切だったことになる。指導効果が出ていないのであれば、教育上配慮を要する行動や問題を再評価して指導計画を立て直すことになる。
③児童生徒の教育上配慮を要する行動や問題の改善が進み、指導を終結しようとするとき：指導の経過を顧みて、指導を終了してよいかどうかの検討を行う。その際には、「教育上配慮を要する行動や問題の今後の見通し」や「指導を終了したとあとの教育上の配慮の仕方」を考えることになる。

第2節　事例研究の方法

1　一般的な方法

一般的には次のような手順で進められる。

（1）事前の準備

児童生徒の教育上配慮を要する行動や問題について、以下のような内容をＡ４判２枚程度にまとめたレポートを用意する。

①検討する児童生徒の教育上配慮を要する行動や問題の内容

②児童生徒のプロフィール（問題の経過、生育歴、家族、環境、学習状況、性格等）

③指導経過（指導のねらい、方法、結果、現状）

④事例研究で検討してもらいたいこと（この記述がないと事例研究をまとめる方向性が分からなくなる）。

（2）時間の設定と進行

①１回の事例研究会は２時間～２時間半を予定する。

②取り上げる事例は原則として１事例とする。

③時間配分の目安と留意点

・事例の報告（30分）→報告に対する質問（60分）→意見交換（40分）→まとめ（20分）

・質問時間は、事例について参加者のイメージをすり合わせたり、報告者の意図を確かめるために重要なので、十分にとる必要がある。

・意見交換は、報告された内容と質問によって確認できた事柄に基づいて行う。

④進行を円滑にするために、必ず司会者を置く。

⑤指導講師またはスーパーバイザーによる助言と指導を受ける。学校における事例研究は、参加するメンバーが固定化されていることや、参加者の経験・関心度に差があって、発言の傾向も固定されがちになる。

それを補うとともに、さらに発展した知識・理解を得るために講師を招き、角度の違う意見をもらうことが有意義である。

(3) 事例研究参加者の留意点

①事例提出者：事実を述べる。発表時間を守る。メンバーの意見を受け入れる。

②司会者：時間配分をコントロールする。発言が特定のメンバーに偏らないように配慮する。メンバーの発言の趣旨の明確化を図る。発言を強要しない。

③参加者：事例提出者の意図を受け入れて発言する。質問・意見は明確に述べる。「憶測・推測による発言」「べき論」「非現実的な意見」を述べてはならない。自分の事例や体験だけを述べないように注意する。

(4) 一般的な事例研究の問題点

せっかくの事例研究会だが、一般的に行われる方法では、以下のようなマイナス面が見られることがある。

①事例提供者の報告を聞いているだけの受け身の参加者が出る傾向がある。

②自分なりの建設的な意見を述べるメンバーが限られる傾向がある。

③年長者や経験の長いメンバーの意見に支配され、活発な討論がなされないで終わることがある。

④経験の浅いメンバーが発言を遠慮したり、発言しても意見を正当に取り上げられないことがある。

⑤事例研究が同じような結論で終わることが多い。

こうしたマイナス面をなくすために、いろいろな事例研究法が考案され実践されている。その中でも「シカゴ方式」「インシデントプロセス法」（『生徒指導提要』p.71参照）が利用されることが多い。

2　短縮事例法

この方法は、シカゴ方式を参考にして、旧東京都立教育研究所において、教員研修用に開発したものである。旧東京都立教育研究所では、教員研修で、学校経営、学級経営、教科教育の方法、生徒指導等の事例を取り上げ

ることが多かった。しかし、前項（4）に記載した一般的な方法による事例研究によく見られるマイナス傾向を払拭することが難しかった。

　そこで、研修参加者の積極的な参加と発言を促す方法として、シカゴ方式をアレンジした事例研究法を考案し、「短縮事例法」と命名した。この方法は、学校現場でも実際的な解決策を検討する方法として実施しやすく、参加人数や実施時間も調節しやすくなっている。以下で、具体的な事例を用いて紹介する。

（1）短縮事例法の手順
　①事例提出者は、レポートを用意し、参加者に配付する。
　②【自習（20〜30分）】参加者は、各自レポートを検討し、「この事例の問題点と考えられることを3点見つける。さらにその3点の問題点について、自分としての解決策を考え、ワークシートに記入する。
　③【グループワーク（60分）】4、5人のグループを作り、各自が検討した問題点と対策を発表・検討したうえで、グループとして「事例の問題点3点とそれに対する解決策」をまとめて模造紙に書く。
　④【発表・質疑・評価（30〜40分）】各グループのまとめを発表し、質疑応答する（学生の演習の場合は、各グループの発表内容を聴きながら、各自評価・評定する）。
　⑤【指導・講評（20〜30分）】講師（スーパーバイザー）の助言・指導を受ける。

（2）短縮事例法の工夫された点
　シカゴ方式では、「問題点を整理する」という指示になっているが、短縮事例法では「問題点を3点挙げ、解決策も考える」ことと具体的な指示にしてある。この3点という限定に意味がある。
　「問題点を指摘せよ」と指示すると、多くの場合、1点の指摘で終わらせる者が多い。事例を読み解いて考えさせるために、3点挙げることを求めるのである。
　問題点を3点指摘させると、問題点のばらつきが多くなる。グループワークの話題が豊富になり、より広範に検討することが可能になる。

また、グループワークの結果を模造紙にまとめて発表することによって、「他者に伝える」ことを意識して、考えをより洗練させる意識を持たせることができる。

(3) この方法の利点
① 少人数でも実施可能な方法である。
② 幼・小・中・高・特別支援学校において、3〜6名の学年会議や各種委員会において、事例レポートを基に前述の手順で事例研究を行うことが可能である。
③ 小規模の会合で短縮事例法を実施する場合は、模造紙の代わりに、ワークシートにまとめを書くことで代用できる。
④ 児童生徒の指導に限らず、学校・学年経営や行事の企画の検討にも活用できる。

第3節 事例研究の演習

ここでは、教職課程を履修している大学生の演習として提示した事例と、大学生のワークシートを参考に示すので、演習を試みてみよう。このほかに適切な事例があれば、それを取り上げてみよう。

【演習】児童生徒の問題とされる行動について、不登校事例を基に考えます。
【事例】小学校1年生のG君が学校に来るのを嫌がるようになりました。担任の先生の観察・指導の記録（**表1**）を読んで、次のことを考えてください。
① 「教師の指導上の問題点と考えられる事柄」「児童自身の行動の問題点と考えられる事柄」など、問題点と考えられる事柄を3点挙げなさい。

表1●担任の観察・指導の記録

月日	観察・指導事項など
4月17日	動作が遅く、遅れがちだが、努力しているのが感じられる。健康観察では大きな声で返事をすることができた。
4月28日	［家庭訪問の記録］学校の様子などは自分から話したりはしないが、元気に通学しているので安心しているとのこと。またGは動作が遅いので、集団の中で遅れずにやっていけるかどうかが心配であるとのこと。
5月12日	平仮名の読み書きテストのプリントが白紙で、言いに来ることができずに泣いてしまった（心配しないですぐ先生に言いに来るよう話した）。 筆箱がなくなったと言って泣いてしまった。隣の子といっしょに探したところ、ランドセルに入っていた。困難にぶつかったとき、自分で解決できないようだ（まず自分で探す努力をしなければならないことを話した）。
6月21日	図書室で、Gが借りようと思っていた本を先に友達に取られて泣いてしまった。
6月28日	授業参観で、トイレに行きたいと言い出せず泣いてしまった（泣く前に先生に言うようにすることを約束させた）。
9月22日	運動会のダンスがなかなか覚えられない。また赤白帽をかぶらず、平気でいる（一生懸命自分で覚えるようにしなければいけないことを話す）。
10月5日	学習の準備・後片付けを言わないとできない（教壇の前の席にする）。
11月27日	母親より風邪のため欠席の連絡があり、休みが続く。12月3日になり母親より「実は学校に行きたくないと言って休んでいる」との電話がある（家庭訪問し、心配ないから来るように話した）。
12月5日	約10日ぶりに母親に連れられて登校。校門の所で入るのを嫌がり、泣きながら寝そべっている。母と担任で無理やり教室に入れる（休んでいたことは恥ずかしいことではないと言って聞かせる）。

出典：『子どもとむかいあうための教育心理学演習』p.123を一部改変

②取り上げた3点の「問題点と考えられる事柄」に対する対策を考えなさい。

【演習の進め方】

①各自が問題点と考えられる事柄を考える。《15分》

②グループを作って検討し、まとめる。《25分》

グループごとに「問題点と考えられる事柄3点」「それに対する対策」をまとめる。

表2●事例検討ワークシートの記入例

問題点と考えられる事柄とその理由	対　　策
1．4／28に家庭訪問に行って、動作が遅いということは知っているのに、先生はダンスは自分で覚えなければならないと指導している。	1．動作が遅いということを知っているのに、先生は児童に任せているので、先生がいっしょに踊ってアドバイスしてあげる。
2．学習の準備、片付けができない児童を教壇の前の席にする。	2．教壇の前に座らせるのではなく、周りの子と協力して片付け・準備をできるようにしてあげる。
3．学校に行きたくないという児童を母と教師で無理やり教室に入れるという行為。	3．嫌がっている児童を無理やり教室に入れるのではなく、ちゃんと理由を聞いて対策を考える。

（筆者作成）

　個人の自習時には**表2**の例のように、問題点の指摘とその対策を記入する（ワークシートはA4判を使用する）。
・自習後、成果を持ち寄ってグループワークを行い、意見を集約する。
・複数の検討グループが出来ている場合には、その結果を発表し意見交換を行う。
・少人数の学年会議や委員会の場合は、個人の自習結果を持ち寄って話し合い、ワークシートと同じ用紙にまとめる。
・まとめた結果は、その後の指導に反映させる。

第4節　観察と記録

1　観察の重要性

　児童生徒の様子を知るのに重要なのは、「観察」である。授業時の様子、休み時間の様子の中に、一人ひとりの児童生徒の心理状態や対人関係が現れている。また、家庭での生活状況、家族の状況までもが反映されている。

観察は、ただ漠然と眺めていることではない。「観」は対象の様子に注意して目を使って調べることであり、「察」は対象となるものを調べて実際の状態を知ることである（新潮日本語漢字辞典）。

アメリカの精神医学者サリバン（Sullivan, Harry Stack　1892－1949）は、「関与しながらの観察」という有名な言葉を残した。対象にかかわりながらその様子を観察することの大切さを述べている。筆者自身は「対象に自分から働きかけ、その反応をよく見て考える」ということと理解している。

2　観察法の分類

観察は、「自然な観察法（条件を付けずに自然な状態で観察する）」と「条件を統制した観察法（特定の条件を設定して、その条件にかなった結果を求める観察）」に大別できる。

児童生徒を理解する方法には、調査法、テスト法、面接法があるとされる。筆者の私見ではあるが、これらの方法もすべて「条件を統制した観察法」であると考えている。

調査法は、調査の仕方が厳密に規定された調査書に、児童生徒がどのように反応するかを見るもので条件が統制された観察である。

テスト法は、厳密に設定された実施方法に従って行われるテストに対する反応を見る点では、条件を統制された観察であると言える。

面接法は、面接者と被面接者が作り出す条件の中での観察である。

3　観察記録の重要性

観察した事実は記録にとどめる必要がある。対象に関与した人がそこでの体験を記録し、後々の対象理解や指導に役立てようとするとき、あるいは、自分の体験や知見を他の人に伝えようとするとき、その記録はエピソードを記述するという方法が取られる。

ある時点の印象深いエピソードを克明に記録し積み重ねることは、対象者への理解を深めることになるとともに、その積み重ねが対象者の成長の記録にもなり、また観察者の観察の軌跡、観察眼の成長のあかしともなる。

観察の事実は、事例研究の重要な基礎資料である。記述の信憑性を高めるためには、観察して知りえた事実と、その事実を通して自分が考察したこととは、厳密に書き分けなければならない。記録することは煩雑さを伴うものであり、記憶をたどる根気を要することであるが、人間理解にとってかけがえのない方法であることを知っておいてほしい。

【文献一覧】
　　会田元明『子どもとむかいあうための教育心理学演習』ミネルヴァ書房、
　　　1994年
　　鯨岡峻『エピソード記述入門：実践と質的研究のために』東京大学出版会、
　　　2005年
　　文部科学省『生徒指導提要』教育図書、2011年

第6章

面接の進め方

今泉岳雄

はじめに

　面接を行うためには、カウンセリングの知識やスキルを身につけるだけではなく、ふだんから児童生徒（以下「子ども」と称す）や保護者とのコミュニケーションを心がけ、信頼関係をつくっておくことが大切である。また、一人で問題に対処しようとせず、他の教師と問題を共有し、必要なときには紹介できるように専門機関に関する情報も持っていなければならない。さらに子どもの各時期における発達課題や心理的な問題に関する十分な知識が必要である。子どもたちの進路に関する情報や精神・発達・身体の障害に関する知識も欠かせない。このように、ふだんの良好な人間関係と豊かな知識やスキルを土台として、初めて相手の期待に応えられる面接を行うことができるようになることを忘れてはならない。

第1節　面接に至るまで

1　面接をスムーズに行うために

　教師は、子どもと学校生活を共に送っているので、子どもやその保護者にどんな人間かを常に評価されている。評価のよしあしが、当然面接を行うときに大きく影響する。ふだんから子どもやその保護者とのかかわりを大切にし、信頼関係をつくっておきたい。
　そのような意味から、以下のことを心がけたい。
(1)　子ども一人ひとりに関心を示し、声を掛ける
　子どもは、自分に関心を示し、名前を頻繁に呼んでくれる教師に、親近感を抱き心を開く。すれ違うときや一人でいるときに、教師の方から声を掛けたい。子どもたちの遊びの輪にもできるだけ参加してみよう。また、続けて学校を休んだ子どもには、体調を気遣う電話をするようにしたい。

（2）子どもの話に耳を傾ける

　勉強やクラブ活動などの学校生活に話題を限定せずに、昆虫、漫画やテレビゲームなど、子どもの興味を持っていることを聞いてみよう。休日をどう過ごしたかを尋ねるのもよいであろう。子どもは、自分の話したいことに耳を傾けてくれる人を求めている。教師は一方的な指示や注意が多くなりがちであるが、子どもの話すことにも耳を傾けてみよう。

（3）自分の気持ちを伝える言葉を使う

　「今日はクラス全員がそろって、先生もうれしいな」などと、気持ちを言葉で伝える教師や、自身の子ども時代のことや失敗したエピソードを率直に自己開示する教師に、子どもは親しみを感じる。そして、子どもも気持ちを素直に言葉にすることを学ぶ。

（4）保護者とのふだんの連絡を密にする

　保育所や幼稚園に比べ、学校では保護者が教師と接する機会が少なく、悩みを気軽に相談しにくい。随時相談日を設けたり、行事で来校する保護者と話す機会をつくったり、クラスの様子を知らせる学級通信をまめに出すなど、保護者と教師の交流を密にするよう心がけたい。

2　面接の設定

　教師も多忙であるが、約束の時間に遅れたり、面接途中で席を抜けることがあると、教師への信頼感や面接意欲も減退するので、確実に面接のできる日時を設定するようにしたい。

　面接には、教師が子どもの問題に気づいて、子どもや保護者に声を掛ける場合と、子どもや保護者の方から相談を求めて来る場合がある。

　前者の場合には、教師の働きかけに対して、子どもがすぐに心を開かなかったり、保護者が面談に応じないこともある。呼び出されてお説教されるという雰囲気になっていないか注意したい。子どもや保護者が解決意欲を示さないときに、1回の働きかけで終わらせず、粘り強く働き続けていく態度が求められる。前項で述べたような、ふだんのかかわりの積み重ねが必要である。

ただ、虐待が疑われる場合は、児童相談所などの専門機関への早急な通告が必要なこともあり、他の教師や関係機関と連携して動くことも大切である。他の教師も関与することで、自分の面接が独善的になることを防ぐことができる。

3　面接室

　プライバシーが漏れないよう、周囲の音を遮断できる部屋を確保したい。「あなたの話を大切に聞きたい」というメッセージが伝わるよう、室内を整え、壁の掲示物その他で気が散ることがないよう留意する。
　いすは、最低限背もたれがあり、一定時間苦痛なく話せるものを用意しよう。対面形式では緊張が生じやすいので、テーブルに向かって90度となるようないすの配置が望ましい。また、親子いっしょに入るなど複数のいすを用意するときは、テーブルを囲んで輪になるようないすの配置がよい。その意味では、四角いテーブルより丸いテーブルの方が、心も丸くなると言えよう。

4　面接の目的

　面接では、子どもや保護者が、問題をとらえ直し、主体的に解決できるように、側面から心理的・教育的な助言や援助を行うようにしたい。
　子どもや保護者が面接において教師に求めるものは、以下の五つが考えられる。①情報を求めている（進路、医療・相談機関などについて）、②孤立していることから、自分の話に共感しサポートしてくれる人を求めている、③問題の対処法が分からず助言を求めている、④混乱しており、問題の整理・明確化を求めている、⑤問題を否認し避けており、しかたなく面接に訪れている。
　これらが複合していることも多いが、情報を求めているのに、ただ共感し話を聞いて終わるのでは、相手の求めているものに、適切に対応しているとは言えない。まず、求められているものを明確にすることが面接では欠かせない。

第2節　面接の進め方

1　初回面接の注意点

　面接に訪れたことをねぎらうとともに、面接を進めるに当たっての基本的なことを、子どもや保護者と教師の間で確認しておくことがとても大切である。特に、秘密保持については必ず触れておきたい。すなわち、相談内容を関係者以外には口外しないことを最初に伝えておく。また、面接時間の長さについても、相手と話し合い、1時間なら1時間とあらかじめ決めて、時間内で面接が収まる進め方を考えるべきである。初回に面接の約束事を決めておき、継続する必要の生じた場合には、常に同じ面接室で、一定の間隔、同じ面接時間の長さで行うことが、その後の面接を安定したものにする。

2　話を聞く態度

　聞く態度は面接に大きく影響するので、以下の点に留意したい。

（1）視線

　話を真剣に聞いていることが伝わるように、相手の目を見ながら相づちを打とう。ただ、見つめすぎると、観察されているような圧迫感を与えるので、適度に目を合わせるようにしたい。

（2）呼吸

　相手の息継ぎに息を合わせて聞くことで、相手は話しやすくなる。ただ、相手の話すテンポが速い場合には、無理に息を合わせるより、ゆったり呼吸することで、落ち着いた雰囲気をつくることが望ましい。

（3）姿勢

　ふんぞり返り腕や足を組むことは、相手に対する威圧となる。両足をそろえて床につけ、やや前かがみの姿勢をとることで、一心に話を聞いていることが相手に伝わる。

（4）服装

ジャージ姿などのラフな服装は避け、相手に敬意を表すような、清潔で整った服装を心がけたい。

（5）話し方

早口で甲高い声は、相手を落ち着かなくさせる。ゆっくりと、少し抑えた声で話そう。ふだんから腹式呼吸を行い、おなかの底から自然な声が出る習慣をつけるとよい。

（6）ジェスチャー（ミラーリング）

人は深く感情が動く話題になると自然に色々な動作を示す。相手の使った大事な言葉をそのまま繰り返しながら、さりげなく相手の動作をまねることで、相手と自分の間に共鳴現象が生じる。

3　面接の流れ

初回の面接では、相手との信頼関係をつくることが非常に重要となる。約束した面接時間前には面接室にいて、子どもや保護者を迎えるようにしたい。最初に面接に来てくれたことをねぎらい、次に悩みについて聞いていくわけだが、相手の話が一区切りつくまで、自分の意見や判断・評価を入れて話を折らないよう心がけたい。「あいづち」や「質問」を入れ、「共感」しながら聞くことがポイントである。

初回の面接の流れは、①信頼関係の形成、②問題と課題の明確化、③課題に対する適切な助言・援助、という順になる。継続して面接が続く場合には、①前回の課題を行った結果の検討、②新たな問題と課題の明確化、③新たな課題に対する助言・援助、となろう。毎回、面接の最後に「助言・援助」を入れ、次の面接の最初にその助言に基づいて相手が行った課題の結果を必ず聞き、検討していくことが大切である。

「助言・援助」に関しては、大きな目標ではなく、大きな目標を達成するために必要な、小さな実行可能な目標を具体的に提案するようにする。たとえば、子どもが不登校状態のときに、最初から学校へ行かせようとする大きな目標を立てて「助言・援助」を行うのではなく、たとえば、家の

中でも保護者と話すことを避けることがあるとすれば、学校へ行けるようになる前の段階として、まず保護者と子どもの会話が復活するためには、どのようなことを試みたらよいか話し合う。

具体的な例としては、登校を促す言葉は避け、子どもが興味を持っていることを保護者もいっしょに行い、それに関する質問をすることから会話のきっかけをつくることを提案するようにする。このように、具体的で実行可能な目標を話し合っていくことが望ましい。

教師は専門的なカウンセラーとは違うので、面接の目標や進め方について、ある程度ガイドラインに従って面接を進めた方がよいと思う。

第3節　面接の基本的なスキル

相手の話を促進し、深め、問題や課題を明確化し、助言・援助につなげるために、知っておくとよい基本的スキルを以下に説明する。

1　傾聴

傾聴とはただ聞くだけでなく、共にいてくれると相手が感じられるような、共感性を伴った聞き方をすることである。助言や援助を行うには、まず相手の話したいことに注意深く耳を傾けなければならない。有能な教師は、言外の意味もとらえながら話を聞く。話の途中で自分の判断や意見を述べて、話の流れを変えてしまわないよう配慮する。

2　共感

共感の目的は、相手が分かってもらえたと感じ取り、足を一歩前に踏み出す援助をすることである。共感とは、相手の気持ちと同じような気持ちになると同時に、自分の考え方と異なっていても、まずは相手の考えに沿って話を聞いていくことである。

3　相づち

「そうか」「なるほど」など、許容的な言葉で相手に聞いていることを伝え、相手の話を促進させる言葉のことである。

4　繰り返し

子どもが「いつも親を泣かしてるけど、本当は悪いと思ってるんだ…」と言ったときに、「本当は悪いと思っているんだね」と言うように、相手の使った核心となる表現を同じように繰り返すこと。相手は自分のことを理解されたと感じるとともに、自分の気持ちが明確になる。

5　質問

問題を明確にするために、質問はとても重要である。質問は相手から情報を得るだけでなく、教師が関心を持って聞いていることが相手に伝わる。また、さまざまな角度からの質問によって、相手は今まで考えたことのない視点を得て、気づきにつながることがある。

質問には、「サッカーが好きなの？」というような「はい」「いいえ」で答えられるものや、「いつから？」のような具体的な情報が得られる「閉じられた質問」がある。また、「どうですか？」などのように、相手の答えに広がりが生じやすい「開かれた質問」もある。口の重い相手には、最初は「閉じられた質問」の方が話しやすいであろう。

留意点としては、話題があちこちに飛ぶような質問をせず、相手の話に沿って、問題の核心に焦点を当てて尋ねていくことである。

相手の気づきにつながる質問としては、以下のようなものがある。

（1）例外探しの質問

子どもの反抗に悩んでいる保護者に、「この2〜3カ月の間に、お子さんがあなたに素直な態度をとった日はありませんでしたか？」など、例外を探す質問を行う。例外があった場合には、それがどんな状況のときであったかを問うことにより、問題解決のヒントが得られる質問である。

（2）スケーリング・クエスチョン

「子どもがずっと学校へ行かず、つらくてしかたがない」というような訴えがあった場合に、「最初にお会いしたときのつらさを10点としたら、今のつらさは何点ぐらいですか？」と尋ねることによって、今の心の状態を点数で知る質問。同じつらさでも、「初めて面接したときに比べると、今はこのように先生に相談できますので、それでも6ぐらいにつらさが減っています」などと、その変化に気づくことも多い。

（3）コーピング・クエスチョン

たとえば、夫の支えが得られず一人で子育てをしてきた母親に、「お一人で子育てをどうやってがんばっていらしたんですか？」と質問するなど、困難な状況で今まで相手が行ってきた「対処」について聞き出す質問。相手を評価し、勇気づけることにもつながる。「自分は幼いときに両親が離婚し寂しい子ども時代を過ごしたので、子どもには同じような体験はさせたくないとがんばってきました」などと、相手の大切に思っている考えが浮き彫りにされることもある質問である。

6　解釈

たとえば、母親を嫌い反抗を続ける生徒の話す内容から、「反抗してお母さんを悲しませてでも、お母さんに目を向けてほしいんだね」などと、相手が気づいていない心の側面に焦点を当てて説明することにより、相手の気づきをもたらし洞察を深めさせる方法である。

7　助言の仕方

「…しなさい」とか「…すべきだ」という一方的なものでなく、相手と話し合う中で、自分で選択できるように、「こういう方法はどうでしょう？」とか、「AコースとBコースがあるけれど、君はどうしたい？」などと、相手に問う形で助言を行うことが望ましい。

第4節　面接能力を向上させるために

1　ロールプレイ

　面接能力を向上させ、自分の特徴を知るために、ロールプレイは最善の体験型学習方法である。ロールプレイは役割演技と訳されているが、ある特定の人になったつもりで、ある状況を表現する。できたら、スクールカウンセラーなど専門家に参加してもらうとよい。教師たちのみで行っても効果はあるが、演じた者に対して、見ていた者がやたら賞賛するばかりでは気づきは生じにくい。また、欠点ばかり指摘するのでは演じた者が自信を喪失し、体験学習がマイナスに働く恐れがあるので注意したい。

　進め方は、その目的によってさまざまに考えられるが、ここでは二つのやり方を紹介したい。

2　他の参加者（観客）の前で演じる

　参加者の中から、①教師役と、②保護者あるいは子どもの役になる2人の教師を選び、面接場面を演じてもらう。その2人のやり取りを見ていた残りの参加者が気づいたことを述べ、演じた2人からも意見や感想を出してもらい、参加者全員で話し合う方法。特に教師役を演じた者は多くの視点をもらい、自分の面接の進め方の特徴や改善すべき点を知ることができる。ただ、2人に観客全員の目が注がれるので、緊張が生じやすく、ふだんの面接状況と異なる態度を示してしまうこともある。また、専門家がいないと、重要なポイントに焦点化されず、話し合いが拡散する可能性もある。まず外部のロールプレイの研修に参加し、研修を積んだ者が、学内でのロールプレイ研修のコーディネーター（監督）役をとることが望ましい。

3　3人1組のグループをつくる

　参加者が多い場合には、3人1組になって、その3人で①教師役、②子

どもあるいは保護者役、③観察者役を決め、③の役になった者が**表1**のような項目を記した記録表に従って、①の面接の進め方について記録していく。10分ほどで一つのロールプレイを終了し、5分間3人で話し合い、③が①の面接の進め方について、記録を振り返りながら感想や意見を述べた後、①、②もそれぞれの立場から感想や意見を述べ、それを③が記録する。②は、自分が悩みを話したときに①がどういう反応をしたときに話しやすく、理解してもらえたと感じたか、あるいは逆にこのような反応をされて話しづらかったなどと、感想や意見を述べるとよい。②を演じた教師は、相談する立場の子どもや保護者の気持ちを実感として感じることができる。また、①の役も面接を進めていてどういうところに戸惑ったか、あるいは②の役から、面接の進め方についての感想をフィードバックしてもらうことで、自分の面接の進め方の特徴や問題点、良い点が明確になってくる。話し合いを終えて、次に3人の役を換え、再びロールプレイを行う。3人が三つの役を全て体験したところで、ロールプレイを終了し、最後に

表1●面接記録表 (筆者作成)

記入年月日		クライアント（子ども保護者役）氏名	
カウンセラー（教師役）氏名		観察者（記録係）氏名	
相談内容			
聞く態度は？			
どのような相づちや共感を行ったか？			
どのような質問をしたか？			
どの点に焦点を当てていったか？			
どのようなことが明確になったか？			
どのような助言や援助を行ったか？			
それぞれの役からの話し合い内容（感想・意見）			

参加者全員で振り返りを行うとよい。

おわりに

　子どもや保護者が、安心して自分の抱えている問題を面接場面で表現できるためには、①外部の音が遮断され落ちついて話せる部屋、②面接の日時や話す時間の長さ、秘密の保持などの約束がきちんと守られていること、③いつも同じ安定した態度で話に耳を傾けてくれる教師の存在、の三つが必要である。

　このような面接環境を整えるには、教師自身も学校でサポートされるシステムをつくり、孤立し疲弊しないようにしていかねばならない。

【文献一覧】
　　イーガン,G（鳴澤實・飯田栄訳）『熟練カウンセラーをめざすカウンセリング・テキスト』創元社、1998年
　　春日井俊之・伊藤美奈子編『よくわかる教育相談』(やわらかアカデミズム・〈わかる〉シリーズ) ミネルヴァ書房、2011年
　　菅野純『教師のためのカウンセリングゼミナール』実務教育出版、1995年
　　黒沢幸子『指導援助に役立つスクールカウンセリング・ワークブック』金子書房、2002年
　　西見奈子編著『子どもとかかわる人のためのカウンセリング入門：教育相談支援』萌文書林、2010年

第7章
教育相談活動の実際①
～不登校～

稲垣応顕

はじめに

(1) 不登校（登校拒否）の定義

不登校とは、文部科学省（以下、文科省）の定義に沿えば、年度内に30日以上欠席した児童生徒のうち「何らかの心理的、情緒的、身体的、あるいは社会的要因・背景により、児童生徒が登校しないあるいはしたくともできない状況にあること（ただし、「病気」や「経済的な理由」によるものを除く）」（『生徒指導提要』p.187）とされている。この定義は、1992（平成4）年から用いられており、その特徴は、①"不登校"は、誰にでも起こりうるとの考えを示したこと、②1998（平成10）年以降は、それまで年間50日以上の欠席者を対象としていたところを30日以上の欠席者と日数が変更されたこと、③登校したくともできない状況の概念が加味されたこと、そして何よりも④不登校を"現象"であると位置づけたことにある。

(2) 定義の問題点

前述の定義に基づき毎年実施されている、文科省による「学校基本調査」また「児童生徒の問題行動等生徒指導上の諸問題に関する調査」によれば、その数は小・中学生の合算で毎年約11万人であり、大きな変動はない。しかし見落としてはならないこととして、毎年中学校では約120万人強の生徒が卒業しているという事実である。不登校児童生徒（以下、生徒指導上の用語である"生徒"を用いて記述）の数値に大きな変動がないということは、それだけ新たに不登校に陥る生徒が存在することを示している。しかも、小1ギャップや中1プロブレムなどの問題が注視されているにもかかわらず、不登校生徒の数は学年進行とともに増加している。また不登校に陥ることで生徒に生ずる問題点（負のスパイラル）として、友人関係の希薄化や社会化の停滞、内面的なゆがみ（学習性無力感と劣等感・共通感覚の欠如・自我同一性の混乱など）がある。

なお、前述した定義とは別に学校教育法施行令第20条は、「小学校、中学校、中等教育学校及び特別支援学校の校長は、当該学校に在学する学齢児童又は学齢生徒が、休業日を除き引き続き7日間出席せず、その他その

出席状況が良好でない場合において、その出席させないことについて保護者に正当な事由がないと認められるときは、速やかに、その旨を当該学齢児童又は学齢生徒の住所の存する市町村の教育委員会に通知しなければならない」とされ、さらに、その上位規則である学校教育法第144条には、「第17条第1項又は第2項の義務の履行の督促を受け、なお履行しない者は、10万円以下の罰金に処する」と規定されている。

　ここで示した法は、生徒への虐待の予防および彼らの教育を受ける権利を視野に入れているともとらえられる。しかし、不登校という状況（現象）に目を向けたとき、前述の定義との比較で欠席日数に整合性がない。今後、不登校の定義には、さらに精緻な検討が必要である。

第1節　不登校（登校拒否）の原因論と心理的特徴

1　不登校研究の始まり

　今日的な不登校研究、具体的には原因論とそれら生徒の心理的特徴についての研究は、トレイノール（Treynor, J.V.　1916-2003）にさかのぼる。彼は、原因不明の状況で学校に行きたがらない生徒に対し、"school sickness"また"morning sickness"の名称を提唱した（"School sickness"）。自宅にいる元気な生徒が、朝になると、もしくは学校の話になると体調不良を訴えるという意味合いである。その後、ジョンソン（Johnson, Adelaide M.）は家にとどまり登校しない児童生徒は、自分を守ってくれる母親が学校にいないことに恐怖心を抱くのであると主張した。換言すれば、児童生徒は学校に行くことを恐れるというよりも母親と離れることに不安を覚えるとして、彼らの心理状況を母子分離不安に求め、学校恐怖症＝school phobiaの名称を提言した（"school phobia"）。一方、その見解に対し、ウォーレン（Warren, W.）は、「子どもたちは、学校を恐れているというよりも、学校＝登校を拒否している」と述べ、登校拒否＝school refusalの名称を提案した（"Acute neurotic breakdown in children with refusal to go to school"p.266)。さらにレーベンタール（Leventhal, Theodore）は、不登校の量的状況から思春期（わが国でいえば中学生期）が多いことに着目した。そして、彼らの心理的特徴として、思春期以降に本格化する周囲の他者と自分との比較や、理想自己と現実自己のギャップから、自分のうちに引き籠もってしまうという自己像脅威説を提唱した（"Therapeutic strategies with School Phobics"）。

2　わが国の研究動向

　わが国における不登校研究は、「学校恐怖症の研究」の分離不安説に依拠した研究発表以降、母子分離不安説を中核として進められてきた。しかし1980年前後から、新たな原因論（心理的要因）の提唱や対応に関する研究が多く示されている。たとえば、学校が児童生徒にとって嫌な場所になっているとする嫌悪刺激回避説、またアイデンティティ獲得への混乱を要因とする研究、スチューデント・アパシー（無気力症）が原因かつ心理的特徴であるとする研究、家族要因＝環境要因に帰属する研究、感情表出の困難性に端を発する"ゆがめられた感情"の研究などである。さらに、近年では教育学や社会学の視点から"いじめ"に起因する不登校にも注目が集まっている（『不登校の研究』）。

第2節　不登校（登校拒否）への対応

　本節を始めるに当たり、前提として確認しておきたいことが3点ある。
　その1番目は、学校教育相談の担い手は、あくまで教師であるということである。2番目は、教育相談は生徒指導同様に教育課程のどこにも位置づけられていない学校教育活動だということである。これは、良質な学校教育の入口には教師の健全なリーダーシップの下での生徒個々人の情緒の安定と教室内での良好な人間関係が不可欠であり（図参照）、その出口（卒業時）で求められる能力・資質の重要な一つもまた、良好な人間関係形成

図●人格形成モデル

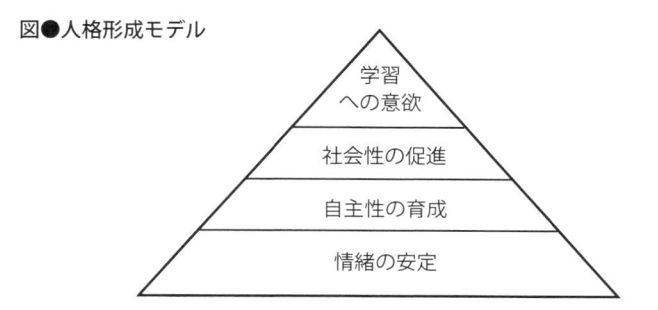

```
        学習
       への意欲
      社会性の促進
     自主性の育成
    情緒の安定
```

出典:『児童臨床入門』

能力とそれへの意欲だからである(『教えて考えさせる授業』)。3番目は、従来その区分が曖昧であった心理療法・カウンセリング・教育相談の区別についてである。心理療法とは、精神病理学や異常心理学を主要な背景理論に置き、病院臨床を前提として構成されている。すなわち、精神的に病んでいる人たちに中立性を保ち、その精神状態をマイナスから限りなくゼロ地点に近づけるところが守備範囲である。またカウンセリングは、精神的にはノーマルな人たちを対象とする、心理的側面からのサポートである。カウンセラーの受容・共感・自己一致を基盤に、クライエント(児童生徒また保護者など)の自己決定を促すことを目的としている。それに対し教育相談とは、カウンセリング的な手法を援用しつつも、最終段階で教師による教育的指導が入る点が特徴である。それは児童生徒個々人の人間力を向上させ、社会化と個性化を促すことである(『教師の使えるカウンセリング』『学際型現代学校教育概論』)。

第3節 教育相談を行う前提

　学校で教師が教育相談を実践するためには、教師自身の前提として、三つの重要な条件がある。その一つは、授業が上手なことである。教育相談とは、教師と児童生徒らの信頼関係の上に成り立つ教育活動である。授業が下手であるとその教師は、はなから生徒に相手にされない。授業の上手

な教師に対して生徒は、どこかで一目置くものである。

　二つ目は、教師自身が自己受容できていることである。この用語は、ロジャーズ（Rogers, Carl Ransom　1902-1987）が自己理論の中で掲げた用語であるが、自己受容の前提には自己理解が必要となる。なぜならば、自分の性格または行動の特性が分かると、生徒に接するときの癖が分かるからである。そして自己受容とは、自己理解した自分の長所と短所の両方を有する自分が自分であることを受け入れること、等身大の自分を受け入れられることである。自己受容能力を有する教師は、他者＝生徒を思いやり、いたわる気持ち、すなわち他者受容能力が備わっていく。自分よりも年齢の幼い生徒が、完全であるはずも必要もないと実感するからである。さらに、自己受容と他者受容がそろうと、そこにグループコンセンサス能力（直訳すれば、集団の意思決定＝異なる価値観の他者と折り合いをつけていこうとする意欲、未来志向で具体的にこれからを考えていける能力）が備わっていく。教育相談とは、生徒や保護者となされる今後に向けた一種の作戦会議である。

　三つ目は、理論に基づいて実情を実感できることである。教育相談の実践に、理論は不可欠である。なぜならば、自分を支える理論を持たない教師が教育相談を行うと、生徒に自分が飲み込まれ「ブレ」が生じるからである。換言すれば、これは教師が「受容と迎合」また「共感と同情」を混同してしまうことを意味している。しかし一方で、教育相談がうまくいくために最も大切な要素は、教師が生徒と温かな感情交流を持てることである。いくらりっぱな理論を有していても、それが生徒本人の求めるものと異なっていては意味がない。理論は、必要である。しかし、理論に生徒や問題を当てはめるのではなく、先に生徒や問題ありきでなければならない。

第4節　不登校（登校拒否）生徒への教育相談

　文部科学省は現行の学習指導要領改訂に伴い、『生徒指導提要』（以下、「提要」と記述）を刊行した。提要は、平成に入り現れた新しい荒れ（「普

通の子のいきなり型」が典型例）への対応が前提に置かれている。しかし、提要のキーコンセプトやキーワードはパターナリズム＝温情的介入主義、また「セーフティー」「カウンセリング」「ガイダンス」「チーム」である。それらはそのまま不登校の生徒への対応に活用できる。

（1）**セーフティー**：何よりも、学校は生徒らの身の安全を確保するという意味合いである。ただし、生徒らの心の安全はいかに守られているかが問われなければならない。学校が、心理的に安全な場所であると認識されない限り、生徒は学校へは登校できない。そのためには、教師の健全なリーダーシップと「ふだんのかかわり」が大切になる。

（2）**カウンセリング**：教育相談の基本である。そこで教師各々には、教育者としてのカウンセリング・マインドが必要となる。受容・共感・自己一致を基盤にして、①精神分析的カウンセリング・マインド（生徒らの言葉になりきれない気持ちや思いを読み取るよう努めること。また、彼らの言葉と言葉の行間を読み取るよう努めること）、②来談者中心療法的カウンセリング・マインド（教育相談に当たり、Warm-Heartで接するよう心がけること）、③行動療法的カウンセリング・マインド（生徒らにアクションを起こすよう促すように努めること。なお、そのためにはその行動についての具体的なガイダンスが求められる）、④因子・理論的カウンセリング・マインド（教育相談に当たり、Cool-Headを忘れないこと）、⑤交流分析的カウンセリング・マインド（物は、言いようである。信念＝求めるものは変えず、相手に合わせた言動でかかわっていくよう努めること。また、相談がワンパターンに陥らないこと）、⑥実存主義的カウンセリング・マインド（人間は尊い存在であり、かつ自由な意思と行動の権利を有していることを念頭にかかわること。これは、逆説的に言えば、自分の言動さらには生き方に責任を持つよう促すこと）、⑦論理療法的カウンセリング・マインド（「～でなければならない／～すべきである」との発想をやめ、「～だったらよい。しかし、そうならないこともある」との言い方に代表されるように、教師自身がゆとりを持って相談に応じること）などが求められる（『授業に生かすカウンセリング』『教育カウンセリングと臨床心理学の対話』他）。

(3) **ガイダンス**：方法論や情報を提供することを意味している。前述のとおり、教育相談には受容と共感の態度が不可欠である。しかし、教育相談を受けにきた生徒らが、教育相談室や保健室に適応されては困るのである。彼らには、本来自分が所属する教室に適応してもらうことが本筋である。相談室や保健室で一日を過ごす生徒の特徴として、先の見通しが立たず自分がどのように動けばよいのかが分からない状況が見受けられる。「何をどこからどのように始めればよいのか。また、それは何を手がかりにすればよいのか」をいっしょに考え、ガイダンスすることが必要である(『生徒指導論』)。

(4) **チーム**：いいかえれば、「連携」である。これには、学内連携と特に家庭を中核とする学外連携がある。なお、情報交換を行うだけではチーム(連携)とはとうてい言えない。情報の交換や共有は、チーム(連携)の前段階である。ちなみに、アメリカの障害児教育領域では、1990年代からIEP(Individual Educational Program：個別教育プログラム)が盛んに実践されている。その内容は、教師と保護者が生徒の実態と生徒らの状況に対するとりあえずのゴール地点を共通理解し合う。そして、役割分担を確認し、定期的に報告と今後に向けた会合を持つことを意味している。不登校指導にも活用したい。

第5節 不登校(登校拒否)生徒への教育相談の実際

1 理論から見た対応の類型

不登校(登校拒否)生徒への対応の類型には、行動主義的なかかわりと心理主義的なかかわり、またその折衷主義的なかかわりの三つがある。

(1) 行動主義的なかかわりとは

当該生徒の気持ちはとりあえず脇に置き、「まず、動け」と促すことを重視する。なぜならば、時は待ってくれない=時間は止まってくれない、

からである。たとえば、不登校に陥った生徒が何年かを経て再登校しようとしたとする。しかし、そのときに当該生徒は、学力的にかなりのハンディを負っているはずである。また周囲の生徒らも、当該の生徒がいないことが普通になっており、その生徒を除いたグループや学級風土が形成されている。そのような集団に再度入り込むことは、不登校生徒にとっては、かなりの労力を要する。そうであるならば、生徒が心身ともに身動きできずにいる時間は短い方がよい。行動主義の発想は、一見乱暴に映るが、生徒の一生を考えたときに厳しさを備えた優しさを含む。また、行動主義的なかかわりとは、具体論を重視する。自分の心の殻に閉じこもっている生徒に対し、提要の概説で述べた具体的なガイダンスを実践していく。なお、その具体的手法としては、①早期登校強制法＝生徒が不登校（登校拒否）だと感じた際に、どのような方法を講じてでも、当該の生徒を登校させる（学級のメンバーに働きかけて、手紙を書く、電話をする、担任教師が迎えに行く、などが代表例）などがある。②系統的脱感作法＝家庭から学校へたどり着くまでの過程を行動レベルで考え、段階を踏みながら慣らしていく（布団から出る⇒顔を洗う⇒着替えをする⇒朝食をとる⇒かばんを持ち玄関まで行く⇒玄関を出る⇒校門まで行く⇒校門をくぐる⇒生徒玄関で内履きに履き替える⇒教室までたどり着く）などが一般的である。③トークン・エコノミー法＝登校を目的ではなく手段にする（登校する度にご褒美にシールをあげる。そして、そのシールが一定枚数たまったところで、家族旅行、家族での外食などを楽しむ）などが一般的である。

（2）心理主義的なかかわりとは

　なえている心の安定を取り戻し、心の核をつくっていこうとの考えを重視する。すなわち、発達理論に依拠し、家庭で情緒の安定した子どもほど、自己表現や活動が活発になる。その先に仲間との交流が生まれ、学校に行く＝登校する勇気を持つようになるとの考えが根底にある。そのため、家庭でゆったりとしたリラクゼーションを促し、家族での会話などで情緒の安定を図り、生徒の「自熟を待つ」ことをセオリーとする。また、心理療法（＝○○療法と呼称されるほとんどが相当する低学年であれば遊戯療法や箱

庭療法、高学年になるにつれ、アサーション・トレーニングや集団心理療法などで気持ちの解放・活動性の向上を促す）やカウンセリングを受けるよう促していく。

（3）折衷主義によるかかわりとは

　前述の両者を織り交ぜた手法である。学校現場や教師としては、最も使い勝手のよいかかわり方であろう。つまり、要は生徒が再登校・学校適応できればよいのであり、使えるものは使っていくとの発想が根底にある。ただし、そのかかわりが単なる思いつきや行き当たりばったり、教師の気分しだいになってしまうと弊害が生ずる。何が当該生徒の再登校につながったのかが見えなくなるため、次の事例に使えないということである。また、折衷主義の手法を実践するには、すでに述べた教師としてのカウンセリング・マインドが重要となる。

2　今日的な対応の実際

　不登校を生徒本人の心の問題を重視してとらえる必要性が強まっている。すなわち、児童生徒が不登校となった原因を追究しそれを緩和するのではなく、この先どのような解決が可能かの視点を重視して対応を講じるのである。

　その1番目は、「不登校解決の最終目標は社会的自立であるという発想に立つこと」である。すると、その先に進路の問題が掲げられることになる。教師には、不登校生徒が自発的・自主的また主体的に自らの生き方・あり方を考えられるよう援助することが求められてくる。具体的には、多様な中学校・高等学校制度の情報をガイダンスすることも一つの方法となる。

　2番目は、「不登校を見極め適切に対応するために必要な連携ネットワークを構築・活用すること」である。地域の教育センターや教育支援センター、児童相談所だけでなく、民間施設やNPO団体との連携も有用に機能することがある。

　3番目は、「全ての生徒にとって居場所となる学校を目指すこと」である。不登校生徒の状況として、特段何があったわけでもないものの毎日の

生活がマンネリ化し"なんとなくの空しさ（実存的空虚感）"を感じてさらに引き籠もる姿が認められる。そこで、全ての生徒が自分の思いを語り、仲間とのコミュニケーションが円滑に弾む学級の環境づくりが重要な対応となる。そこでは、教師の自己開示（＝自分の胸の内の思いを開いて生徒とかかわること）が重要なポイントとなる。

4番目は「関係を構築しつつ、適切な働きかけやかかわりを継続すること」である。その手段としては、"RV－PDCAモデル"が有用であろうと思われる。「R＝Research：実態把握」し「V＝View：見通し」を立て、「P＝Plan：具体案」を練り「D＝Do：実行」する。そして、結果を「C＝Check：チェック・確認」し次の「A＝Action：行動」につなげていくことがセオリーとして考えられる。

おわりに～予防的・開発的教育相談～

不登校生徒を生まないためには、当然ながらその予防が肝要である。ただし、このことは消極的な意味合いでの予防にとどまらず、良好な人間関係と学級風土作りを意味している。生徒たちは、学校・学級が楽しく充実した場であれば、登校するという考えが根底にある。これは一種の環境調整にもかかわることであるが、集団心理教育の考え方と実践が功を奏する。具体的には①構成的グループエンカウンター：レクリエーション的なエクササイズを体験し、その体験で感じたことをメンバーで分かち合う、②対人関係ゲーム：心の触れ合いを促すゲームを通して、互いの心理的距離を近づける、③ソーシャルスキル・トレーニング：主にロールプレイなどを通して、良好な人間関係の構築と維持のための術（スキル＝技術）を身につけるよう促す、④プロジェクト・アドベンチャー：与えられた困難でアクティブな課題を、メンバーの協力で乗り切る体験を重ねる、⑤ピア・サポート活動：「仲間どうしの支え合い」を意味する、などのほか、昨今道徳教育の立場から、⑥モラルスキル・トレーニング：モラルジレンマによる課題を通して、互いの価値観を受け入れられるよう促す、などが開発されている。

【文献一覧】

市川伸一『「教えて考えさせる授業」を創る：基礎基本の定着・深化・活用を促す「習得型」授業設計』（教育の羅針盤1）図書文化社、2008年

稲垣応顕・黒羽正見・堀井啓幸・松井理納『学際型現代学校教育概論：子どもと教師が共鳴する学校づくり』金子書房，2011年

稲垣応顕・喜田裕子『教育カウンセリングと臨床心理学の対話』文化書房博文社、2006年

稲村博『不登校の研究』新曜社、1994年

犬塚文雄監修、稲垣応顕編著『生徒指導論：真心と優しさと』文化書房博文社、2011年

國分康孝『教師の使えるカウンセリング』金子書房、1997年

國分康孝・大友秀人『授業に生かすカウンセリング：エンカウンターを用いた心の教育』誠信書房、2001年

鷲見たえ子「学校恐怖症の研究」国立精神衛生研究所編『精神衛生研究』〔第8巻〕国立精神・神経センター精神保健研究所、1960年、pp27-56

平井信義『児童臨床入門〔改訂版〕』新曜社、1977年

文部科学省『生徒指導提要』教育図書、2011年

Johnson, A. M.,"school phobia",*American Journal of Orthopsychiatry*, 2,1941,p.702

Leventhal,T., "Therapeutic strategies with School Phobics", *American Journal of Orthopsychiatry,* Vol.37,1967,p.64

Treynor, J.V.,"School sickness", *Journal of Iowa State Medical Society,* 19,1929,pp.451-453

Warren,W.,"Acute neurotic breakdown in children with refusal to go to school", *Arch Dis Child*, 23,1948,p.266

第8章

教育相談活動の実際②
〜いじめ〜

芦名猛夫

はじめに

　教育相談にかかわるあなたは、いじめの被害者か加害者か。いじめを傍観したか、あるいは加担したか、無関心を装ったか。いじめを止めたか。

　教育相談という場でいじめと向き合い、いじめ問題と取り組むとき、問題の外側に自分を置いて考えることはできない。

　小学校、中学校、高等学校と学校生活を振り返り、封印された、閉じられた記憶から、いじめにかかわる体験を引き出してほしい。

　できればあなた自身の体験を文章にして、自分の前に取り出し、可視化することを勧めたい。それは自分の過去と折り合いをつけることになるか、またはつける端緒をつかめるかもしれない。心の痛みを伴いつつ、過去の自分と対話し、その中にあるメッセージを読み取ってこそ、初めていじめ問題に向き合える。

第1節　いじめ被害者へのケアおよび加害者への対応

　一つの事例を紹介する。私の経験から、教育相談という場にいじめが取り上げられたとき、残念ながらいじめはかなり進行し、被害は相当深刻な状態と見なくてはならない。

1　被害者の母親の学校訪問

　中学2年のF君の母親が、2学期の9月の3週目に私を訪ねて学校に来られた。私は担当する特別教室にいたので、話が聞きやすかった。昨年1年時の学級担任は私であったが、学校組織の編成替えで別の学年所属となっていた。母親いわく、現担任よりなじみがあり話しやすいということだった。

　昨年のF君の印象は、快活でひょうきんで成績も良く、小柄だが野球部でも活躍していた。学級の委員活動も進んでよくやってくれた。

　訪問された母親が大筋を語った。

5月の連休明けころから、全く勉強もしなくなり食欲もなくなった。弟とは仲が良かったのにいさかいが増え、ときどき暗い表情のときがある。本人の変化を伝え、学校ではどうかと学級担任にも相談した。1学期末の7月に登校を渋り、断続的に欠席。しかし、夏休みは部活もがんばり、楽しく過ごした。

　2学期の始業式の翌日から休み、1日も登校せず。保護者がこれを厳しく叱責したところ、部屋に閉じ籠もり自傷行為を始めた。そのことを問いただすと「死にたい」と言い出した。理由は言わない。それで急きょ、相談に来たという。

　話の中途で、学級担任も同席してもよいか了解を求めたが、その日は私だけの面談となった。2時間以上、家庭でのF君の様子を詳しく聞いた。そして、家庭訪問し本人に会いたい旨を伝えてほしいこと、現担任がいいのか前担任の私がいいか、2人そろうのがいいのか、さらに、会いたくないなら少し時間を置こうと付け加えた。

　その日、母親はわらをもつかむ思いで私にアドバイスを求めたが、一切の指示はせず聞き役に徹した。別れ際に「F君の悩み、苦しみが何であるか、そこから問題が何か、課題は何かをいっしょに探し出すお手伝いをします」と励ました。

　すぐに担任に連絡し、担任は学年の教師団に伝えた。担任は信頼できる女子生徒にF君の周辺事情を聴取した。1学期末一人で泣いていた事実などもつかみ、F君へのいじめを想定し、翌週に私が家庭訪問することになった。

2　何よりも安心と安全、しっかり眠ること

　F君の事態を重く受け止め、学年の先生たちの協力を要請した。体育大会前であったが、前担任の私がほぼ隔日ごとに家庭訪問した。

　まずは、学校を休んでゆっくりすることを本人に勧めた。勉強はいくらでも回復できることなど、保護者も交え理解を求めた。何よりも安心と安

全、しっかり眠ることが大切だと訴えた。自傷行為などＦ君が不快と感じることには全く触れなかった。繰り返し繰り返しＦ君が決して独りではないこと、先生方や友達の名前を挙げ、みんなが心配していることを伝えた。親をはじめたくさんの人から愛されているという実感を得られる話もした。また心が開くように、昨年の楽しかった思い出も話題にした。ときに気分転換に、私の教科の学習もした。

いじめを想定していても、決してその実際を聞き出さないこと、なぜなら、いじめられたことは、みじめな屈辱であり自尊感情を踏みつけられ心の傷（トラウマ）がうずいているからである。本人にそれを聞き出すということは二重に屈辱を与えることになる。いじめ被害者の立場に立つとはまさに、聞き出さないことである。語り出すまで待つことが重要である。

翌月に入って、ぽつりぽつりといじめの実際をＦ君自身が話し出した。

３　いじめの実際の聞き取り

Ｆ君の語ったいじめの実際。

　　５月の連休に遊ぶ約束を破ってうそをついた。これをきっかけに仲よしグループのリーダー格２人からいじめが始まった。グループ全員からの無視、独りぼっちになった。リーダー格２人はクラスでも力があったので声を掛けられる友達がいなくなった。「うそつき」「きもい（気持ち悪い）」「バイキンがうつる」などと嘲笑。休み時間ごとにこづかれる。グループから一方的な通告でプロレスごっこの強制。持ち物へのいたずら。女子の前での性的辱め。「すぐ泣くな」「先生にチクるな」と言われ、仕返しが怖くてただただ耐えてきた。

自傷行為は自殺未遂の一歩手前であった。

Ｆ君の傷つき、その思いや感情の動きに共感し話を丁寧に聞き取った。どんなささやかな事実も一つ一つ見落とすまいと心がけた。

ここで、取り返しのつかない誤りを犯すことがある。被害者の行動を論

評することである。「(約束を破ってうそをついた) 君にも問題がある」「やめろとなぜ言わない」「(無理強いのプロレスごっこなど断って) もっと強くなれ」、このような言葉掛け、叱咤激励は、被害者の内面をかく乱するだけで効果はなく、傷口をさらに広げる。

被害者は、いじめられた、みじめな自分を否定したい。弱いからいじめられる。いじめられる原因が自分にあるという自己非難を極端に強めている。ときには、自己防衛のために加害者に迎合する場合もある。

相談の過程で大事なことは、教育相談の流れやいじめ解決の取り組みを通じて、被害者のＦ君が肯定的な自己を取り戻すことである。かけがえのない自分を好きになるという自尊感情の回復である。他者評価でなく、肯定的な自己評価を可能とすることであり、それは発達の基礎ともなる。

相談の中では「約束を破ってうそをついたからといって、いじめられることはない」「もっと強くならなくてよい」「弱さを持った自分をいとおしく思うこと」、そしていじめられた過去と折り合いをつける方向、きっかけを見つけることが大切であると訴えた。

Ｆ君のいじめの具体的な内容を保護者に伝えることには、身が切られるほど心が痛んだ。聞いた保護者は当然ながら、わが子を守りたいという焦りと不安で精神的に動揺する。ここで学校防衛だけの言い訳を並べたり、その対応が正しくなければ、学校不信、教師非難を招く。そこから不必要な対立が生じ、被害者への支援も困難になり、解決が遠のくことになる。なによりも、保護者の思いや動揺に誠実に寄り添うことだ。

以上が、いじめの相談事例のほんの発端部分である。ここでいじめ加害者の対応について触れておく。加害者も当然教育相談の対象である。

4　加害者への対応に時間をかける

加害者に対して、どなる、説教するなど決して制裁的に対応してはならない。納得と理解をとりつけながら、謝罪も含め道義的責任を丁寧に考えさせることである。

暴力を振るったことは反省しているが、約束を破ってうそをついたＦ君

も悪いという論理を打ち破るのには相当の時間がかかった。

　一般的に、加害者は生きる意味、自己の尊厳を確認する場が減少し、欠落さえ生まれている。自分が理解されず共感されず受容されないという傷とストレスをどの子も抱えている。それはやがて、他者への攻撃、他者を支配することに転化する。つまり、他者の弱さや不完全さを否認あるいは指摘することによって自己を確認し肯定している。

　Ｆ君の加害者の場合、約束を破ってうそをつく、すぐ泣くという弱さが許せないと攻撃したのである。自分なら約束を破らず、うそもつかないことを確かめるためであった。また、すぐに泣き出す、笑って迎合するというＦ君の行為がますます許せない。

　この加害者の主張と心情に対して、私は次のように語りかけた。
「君は今まで、約束を破ったりうそをついたことは一度もないのか」
「すぐ泣くこと、弱いことはそんなに悪いことか」
「へらへら笑って迎合するのはどんな気持ちか分かるかなあ」
「きもいと言われたらきついぞ。君も、きもいものを毎日排泄してるだろ…」と。

　そして、Ｆ君のいじめられた苦しみ、痛み、悲しみ、死ぬことも考えたみじめさをリアルに代弁した。また、手塩にかけたわが子がいじめられるという家族の苦悩も、具体的に語り伝えた。加害者に被害者の痛みを自分自身に置き換えるなど、奥行き深いイメージトレーニングを展開させたのである。

　このような代弁は、教師にしかできない大事な仕事の一つである。つまり、どの子も、どんないじめっ子であっても、誰もが正義感と優しさ、人を思いやる心を持っているという「人間信頼」に裏打ちされた仕事である。誰でも必ず、被害者の苦しみに共感することができる。親を愛し、親に愛されたい。だから、家族の苦悩を受け止め、読み取ることができる。人間は信頼できる。どの子も決して捨てたものではないのである。

第2節 いじめの諸相とその変容、いじめの定義

　いじめ自殺がメディアで取り上げられたのは1980（昭和55）年に始まる。大阪府高石市の中尾隆彦君事件が最初である。同年、埼玉県上福岡市の林賢一君事件（1979年）のルポ『ぼく、もう我慢できないよ』が出版された。

　ここでは詳細は論じられないが、エポックとなる事件を披歴する。1984（昭和59）年、大阪産業大学高校いじめ報復殺人事件。1986（昭和61）年、東京都中野区立富士見中学鹿川裕史君事件。1993（平成5）年、山形県新庄市立明倫中学マット死事件。1994（平成6）年、愛知県西尾市立東部中学大河内清輝君事件。1995（平成7）年、新潟県上越市立春日中学伊藤準君事件。2005（平成17）年、山口県下関市立川中中学自殺事件。2006（平成18）年、北海道滝川市立江部乙小学自殺事件、福岡県筑前町立三輪中学自殺事件。2007（平成19）年、神戸市私立滝川高校自殺事件、2010（平成22）年、群馬県桐生市立新里東小学自殺事件。2011（平成23）年、滋賀県大津市立皇子山中学自殺事件。

　大河内清輝君の遺書をはじめ、訴訟になった裁判記録など、最近では大津市立皇子山中学自殺事件の第三者委員会報告が、いじめ問題の学びの参考になる。ぜひ一読してほしい。

1　いじめ事象の諸相について

事例で触れた以外の、いじめ事象の諸相について追加する。
- 匿名性がある：加害者が特定できない。もの隠し、持ち物への落書き。近年注目される「ネット上のいじめ」など。
- 被害者は演技性を持つ：親に心配させまいとする、親でさえ見抜けない。
- 初めから勝負がついている：勝つと分かっている者が、負けると分かっている者に対して攻撃する。
- 徹底して孤立させる：被害者は先生も誰も助けてくれないという無力感状態に置かれる。

- 加害者は自己中心的で感情で動く集団だが、被害者は個人で一人である。
- お金が絡む：物品の強奪、窃盗、恐喝行為、万引きの強要など。
- 加害の罪悪感なし：もっともらしい理由で、異質性の排除、やがて弱者一般に攻撃が拡大する（1983年の「横浜浮浪者殺傷事件」を発端に、1997年「大阪・道頓堀川ホームレス襲撃事件」など、現在も子どもや若者たちによるホームレス襲撃事件は全国各地で起きている）。
- 放置すると被害が深刻化、暴力がエスカレート、諦念から無抵抗に、命にかかわる。
- いじめによって「もの言わぬ」学級ができる、いじめグループに支配される。
- いじめと「学級崩壊」、非行のまん延や学校の荒れと連関する場合が多い。
- 被害者と加害者が相互転換する：自己防衛のため加害者側に逃げ込み加担する。

2　被害と加害の相互転換の問題

　従来からいじめの四層構造（1986年、森田洋司）がいわれてきた。つまり、①被害者、②加害者、③観衆（加害に同調・追従し、いじめを助長する）、④傍観者（見て見ぬふり。直接的に荷担しないが、暗黙の了解となり、結果的にいじめを促進する）である。

　ここ数年、この構造の図式に単純に当てはまらない状況がある。これは、小学校からの学力格差の固定化、その上に貧困の格差がかぶる。それによって子どもたちの人間関係における友情や連帯の基盤が大きく揺らいでいる。「KY：空気を読む」に象徴される集団の同調圧力が強まり、孤立と不安におびえる。学級などの集団の所属意識よりも同質なものでつながった小集団を形成し、そのグループの中にしきりに安心を求めようとする。

　この小集団の中では、個々の子どもたちは共依存し、もたれあい、閉じられた関係となる。やがて煮詰まり、その中でいじめが発生する。グループの結束のよりいっそうの強化のためである。いじめる標的（ターゲッ

ト）がグループ内で回される。かつてのようないじめる理由は見当たらない。「…調子に乗ってる」「気にくわない…」など後づけの口実である。標的は誰でもよい。次は自分がいじめの標的になるのではという不安と恐れから、自己防衛としていじめる側となる。

　いじめの加害者と被害者が入れ替わり、両方の経験を持つ子どもたちは7、8割以上（いじめ追跡調査、国立教育政策研究所、2010年）になる。そして、この小集団内のいじめは、他のグループからはあまりよく見えてこない。決して見て見ぬふりをするわけではないようだ。むしろ、仲の良い集団のように見えているようだ。

3　文部科学省のいじめの定義

　2007（平成19）年、文部科学省はいじめを「当該児童生徒が、一定の人間関係のある者から、心理的、物理的な攻撃を受けたことにより、精神的な苦痛を感じているもの」と定義した。

　この定義の弱点は、主語が「当該児童生徒」で、子どもの集団内のトラブルがいじめとみなされるおそれがある。集団内はいつも快適ではなく、ときにはトラブルによる精神的苦痛も当然ありうる。それを克服して子どもたちは成長する。どこまでがいじめであり、いじめでないのか、その認定が曖昧になる。

　また、被害者本人が「いじめられていない」「友達です」「遊びです」「だいじょうぶ」と答えると、いじめでないということになる危険性もはらんでいる。

　私は、折出健二の「現代の競争原理と人々の孤立化・商業主義の消費文化が子どもたちの社会に影響して起こる、特定個人を身体的・精神的に攻撃し迫害する人権侵害行為である」（あいち県民教育研究所主催　県民対話集会講演、1995年）を評価したい。

　いじめはまさに「人権侵害行為」である。つまり、いじめ問題の解決を目指し教育相談にかかわるとき、大事なことは、誰が誰の人権を侵しているかという視点を持つことである。

第3節　いじめ克服のために

　事例の中で「チクる」という用語を使った。言葉の意味は、いじめられたことを教師や親に知らせることである。加害者から「先生にチクると承知しないぞ」と脅され、その報復を恐れる。そのため、ますますいじめの事象が表面に出ないというやっかいな事態になる。

1　「チクる」とは何か

　ここで「チクる」という行為の意味について考察したい。結論から述べると、「チクる」とは、誰かをおとしめる告げ口や、裏に回っての陰口ではない。決して卑怯な行為でもない。すなわち「チクる」とは、基本的人権の一つ「受益権」である。国民として不利益を被った場合、その救済と回復のために権力の発動を要請する権利である。

　例に出してみる。住んでいる町に川がある。その川は汚染され悪臭もあり、極めて不衛生だとする。住民の生活に支障を来たしている。こんなときに住民はどうするか。役所の窓口に行き、あるいは地元の議員を通じて、なんとかしてほしいと声を挙げる。あたりまえの市民生活の回復のために行政に要請する。これが「チクる」ことである。

　日本国憲法の第3章「国民の権利及び義務」、その第16条にいわゆる「請願権」という条項がある。これは「受益権」の一つである。条文を紹介する。

　「何人も、損害の救済、…（略）その他の事項に関し、平穏に請願する権利を有し、何人も、かかる請願をしたためにいかなる差別待遇も受けない」

　この条文の用語、「損害の救済」を「いじめからの救済」に、「請願する権利」を「チクる権利」に置き換えて考えてみてほしい。「かかる請願をしたためにいかなる差別待遇も受けない」、つまり「チクったためにいかなる差別待遇も受けない」、もちろん暴力による報復など言語道断である。

報復こそ二重に権利を侵害したことになる。

　いじめをなくし学校生活に安心と安全を保障してほしいという損害の救済を求めることが「チクる」行為である。「権力の発動」ではないが、その子の学校生活に責任を持つ教師、学校、保護者に訴えること、すなわち「チクる」とは、権利の行使である。

　このことを子どもたちの一人ひとりの認識にまで広げることは、現在の学校にとって重要である。これによっていじめ救済の入り口が大いに広がる。報復で脅すなど許されないのだという学校の世論を広げ、定着させる必要がある。

2　事例のその後の取り組み

　F君の事例のその後について触れておく。いじめ、暴力は重大な人権侵害であり、教育の土台を根底から破壊するという観点から全校を挙げて取り組んだ。職員会議、生徒指導委員会など既存の組織以外に、F君のいじめに関する委員会も立ち上げた。

　加害者をはじめ周辺の子どもたちへの聞き取りから事実と実態、その全体像を把握し、その情報の共有を根幹に据えた。そこから保護者への誠実な対応、加害者に道義的な責任を取らせる方法、全校の子どもたちへの啓発的指導のあり方、渦中の子どもたちへの個別の教育指導などを全教師で論議し、創意と工夫を駆使して進めた。

　また同時に、F君の自傷行為、「死にたい」という言動は極めて危険な状態だと保護者に伝え、心療内科やカウンセラーなど外部の専門機関とも連携した。

3　子どもたちにかかわる情報の共有

　今もいじめ自殺の連鎖が続く。そのたびにメディアが、いじめを見抜けない学校、教師が悪いと世論誘導する。もちろん、子どもたちの言動からいじめを見抜くことは極めて重要である。しかし、いじめの持つ特性から、教師がいじめを見抜くこともあれば、見抜けないこともありうる。親も気

づかない場合も多いということを知るべきである。

　大事なことは、いじめを察知し見抜くためにどんな手だてが必要なのかを考えることだ。一教師の感性や経験知、勘に頼ることはできない。

　とりわけ心を砕いて取り組むべきは、子どもたちにかかわる情報の共有である。教師集団のチームを核に、保護者や家庭も含めて地域のネットワークにまで広げたい。

4　学校再生の手がかりをつかむ

　いじめ問題にかかわる教育相談の窓から、さまざまな課題が見えてくる。なぜなら、教育相談は子どもの声、心の叫びを聞き取ることが本来の役目だからである。

　いじめ問題は、マイナスの事象である。しかし、その事象に潜む隠れた子どもたちのメッセージ、願いを読み取り、ある意味では子どもたちの問題提起から、学校再生の課題、その手がかりをつかむことができる。

　特に子どもたちどうしの新しい人間関係づくり、同年齢・異年齢の交わり、友達理解を深める具体的な取り組みが提起されなければならない。現実の子どもたちの要求に合致した特別活動の展開にとどまらず、休み時間、昼食時間、清掃時間など、さりげない日々の一こま、ささやかな学校生活も再検討したい。

　また、子ども権利条約にある、子どもたちの意見表明権を保障し、いじめ問題を子ども自身の手で解決できる自治・自主活動の活性化も望みたい。そのためにも、教師と子どもたちとの関係、つながり、両者のあり方も再考されなければならない。

　さらには、学力保障に責任を持つ教師が、過度の競争による学力格差の是正に取り組み、子どもたちとの連帯の基盤を揺るがないものにすることも重要である。

　文部科学省は、いじめはどの学校にでも起こりうるという。誤解を恐れずに踏み込めば、学校にいじめがあって当たりまえと言っても過言ではない。今日の日本社会そのものがいじめという病理のただ中にあり、まさに

地続きである。学校だけが無関係であるわけにはいかない。教師はこの点も注視し、考察してほしい。

おわりに〜いじめ自殺の連鎖を断つために〜

　自殺は世界中で年間100万人以上、武力紛争による死亡者よりも多い。1人の自殺は周囲6人前後に影響を与えるという。しかも、青少年の死因の1、2位が自殺である。

　日本のマスメディアは、いじめ自殺をことさらセンセーショナルに取り上げてきた。その報道ぶりは異常である。大津の事件では、子どもたちに金銭までちらつかせて取材したという。また、諸外国では自粛し禁じられている遺書の公開まで、平然と実行してきた。

　その結果、あれほどいじめられたのだから自殺は当然の行為だ、「○○君の死を無駄にするな」とあおり、自殺は教育問題を考えさせ、教育改革を促し、問題解決のために役立つのではないかという風潮がまん延した。この風潮が残念なことに、いじめ自殺の連鎖につながっている。

　いじめ自殺によって家族がいかに苦しんでいるか、自殺することでは問題の解決にならない、さらに解決をゆがめる。自殺以外にこそ解決の方法があることを大人たちは提示しなければならない。私のささやかな実践（『正義の風を学校に』）はもとより、その前例と教訓は少なからずある。マスメディアはいじめ自殺の連鎖を断ち切るためにも、今こそその先頭に立つべきではないか。

　思うに、思春期の子どもたちは人生経験が少なく、ストレスに対処・解消する能力、問題解決能力が乏しい。また、自分の心情を言葉で表現することが不得手だ。しかも、低い自己評価を常に抱えている。こんなときに学校でいじめられる、または家庭の崩壊や家族間の葛藤と遭遇すると、無力感、絶望感におそわれ、自己の感情と言動のコントロールが不能になる。やがて自殺を企図する。ある意味で、自殺は自己に対する暴力、攻撃、犯罪とも言えるということが理解できない。

　自殺予防のための教育、ときには自殺防止の教育的介入を最優先すべき

時代に入ったのではないだろうか。教師、学校の役割は重い。自殺は衝動的には起こらず、常にその兆候を周囲に伝えている。周囲からの情報、言動の観察によって必ず予防できる。いじめを見抜くことよりも自殺の危険因子の予知・察知こそを優先すべきである。

　以上、いじめ問題の解決とともに自殺予防・防止の教育プログラムの早急な構築を提起してこの章を終わる。

　＜追記＞本稿執筆中、2013（平成25）年6月28日「いじめ防止対策推進法」が公布された。いじめの定義は文科省に基づき、施策内容は教育再生実行会議の「第一次提言」を下敷きにしている。とりわけ、いじめの加害者と被害者を二極対立としてとらえ、「警察との連携」「加害生徒の出席停止」というような加害者に対する厳罰主義などの重大な問題点が指摘される。運用に当たっての留意すべき詳細については、別の機会に譲りたい。

【文献一覧】

芦名猛夫『正義の風を学校に：いじめととりくんだ中学生徒会の人権宣言』（シリーズ・なくそう！いじめ・体罰2）あけび書房、1985年

春日井敏之『自分らしく思春期：いじめ・登校拒否をこえて』かもがわ出版、1997年

金賛汀『ぼく、もう我慢できないよ：ある「いじめられっ子」の自殺』一光社、1980年

森田洋司・清永賢二『いじめ：教室の病い〔新訂版〕』金子書房、1994年

第9章

教育相談活動の実際③
~発達障害~

杵鞭広美

はじめに

　文部科学省が実施した「通常の学級に在籍する特別な教育的支援を必要とする児童生徒に関する全国実態調査」（2003年）では、通常学級に在籍する子どものうち、知的な遅れはないが学習面または行動面で著しい困難を示すとされた児童生徒は 6.3 % と推測され、その10年後の調査「通常の学級に在籍する発達障害の可能性のある特別な教育的支援を必要とする児童生徒に関する調査」（2012年）でも 6.5 %と同様の値が報告された。このデータは発達障害児の割合を表すものではないが、30人の通常学級ではなんらかの教育的配慮を要する児童生徒が2、3人いるものと教師が想定しておく必要性を示している。2007（平成19）年より「特別支援教育」制度がスタートし、今日の通常学級ではアスペルガー症候群、学習障害（LD）、注意欠陥／多動性障害（ADHD）といった診断名をよく耳にするようになった。本章では、特別な教育的支援を要する児童生徒および保護者への支援のあり方、学校と地域の連携において重要な特別支援教育コーディネーターの役割などについて述べる。

第1節　発達障害と教育相談

1　発達障害に関する相談はどこで受けられるのか

　学校での生活に困難さをもたらすような発達の遅れや障害について相談できる機関は、児童相談所、保健センターなどのほか、地域の発達障害者支援センター、心理学・教育学系の大学内にある臨床センターなどがある（表1）。発達障害者支援センターは、地域における発達障害児・者の支援を総合的に行う機関である。大学の臨床センターは、心理学部や教育学部を置く大学の臨床研究の一部門として発達全般に関する相談を受け付けている。また、特別支援学校に開設されている「発達支援相談室」等でも相

談業務を行っている。これらの機関は相談者に有用な情報を提供するため、医療、保健、福祉、教育等の他の関連機関と連携を図りつつ、個別支援の充実を目指している。

2　発達障害に関する相談件数

学校教育での発達障害に関連した相談件数・回数は、年々増加傾向にあるといわれる。香川県教育センターの調査報告（2012年度）によれば、発達障害を主訴とした相談は全体の1割であるが、不登校やいじめ、学校不適応といった相談の背景には発達障害の問題が包含されていることを指摘

表1●発達障害に関する地域の主な相談機関

○福祉関係の機関
①児童相談所　　②家庭支援センター　など
③発達障害者支援センター
　発達障害者支援法（2005年）の施行に伴い、各都道府県・政令指定都市または都道府県知事等が指定した社会福祉法人、特定非営利活動法人（NPO）などが運営。保健、医療、福祉、教育、労働などの関係機関と連携し、総合的な支援ネットワークを構築し、さまざまな相談に応じて指導と助言を行う。教育指導等に関する研究、教員向けの研修活動と教育相談も行う。人口規模、面積、交通アクセス、既存の地域資源の有無や自治体の支援体制の整備状況により事業内容には地域性がある。

○保健・医療関係の機関
④保健所・保健センター　　⑤精神保健福祉センター　　⑥療育センター
⑦病院、クリニックの医療機関　など

○教育関係の機関
⑧教育（相談）センター・相談室
　都道府県、市町村の教育委員会が運営。主に地域住民の相談に応じるが、学校教職員への相談も行う。
⑨特別支援教育センター（特別支援学校）
　学校や地域と連携して来校・巡回による相談支援を行う。幼稚部がある特別支援学校では3歳児未満の子どもの支援についても保護者の相談を受ける。
⑩大学の臨床センター　など

※第2節のA君の事例では、教師の助言により保護者が地域の発達障害者支援センター（③⑥に相応）と医療機関での相談を受けた。Bさんの事例では、担任教師が特別支援教育センター（特別支援学校）に支援を求めた。

（筆者作成）

している。発達障害は学校生活での集団での行動や学習上の問題が学童期以降に顕在化していく例が多いことから、小学校や中学校内でのいじめ・不登校といった二次的な問題へとつながるものと推測される。教師は児童生徒の学校生活での不適応等の問題と発達障害との関連性も注視しながらクラス運営にかかわることが求められる。

3　発達障害に関する相談内容

発達に関する相談内容は、子どもの就園・就学にかかわることから高校・大学卒業後の就労の問題まで長期的でかつ多岐にわたる。学童期と青年期における相談内容の多くは、発達の遅れや障害にかかわる心配事、悩み事であるが、①家庭でのわが子の様子を見た保護者が不安を感じて相談するケース、②学校の担任教師から専門機関への来所を勧められた保護者が相談するケース、③小・中学校の教師が担当しているクラスの子について相談をするケースが増えている、という。主訴は「学習の遅れ」「コミュニケーションがうまくとれない」「友人とのトラブルが多くて困っている」というものが多く「わが子が発達障害であるかを検査してほしい」といった保護者の相談もある（『障害のある子どもの教育相談に関する実態調査』）。

4　発達障害に関する情報の入手と相談までの過程

近年は、インターネット・メディアの進展によって、あらゆる手段で数多くの情報を入手できるようになっている。独立行政法人国立特別支援教育総合研究所公式ホームページ内にある「教育相談情報提供システム」では、発達障害に関連した国内の相談機関の紹介と具体的な事例が掲載されている。このように、すでによく整理された情報システムを手がかりとして、日々多忙であって時間が限られている保護者や学校の教職員も、発達障害の疑いがある子どもとどのように向き合えばよいのか、どの機関へ相談すればよいのか、自分が今、気にかけていることは専門家のアドバイスを受けるべき内容なのかといったことを、過去の相談例から探ることがで

表2●相談の形態

```
○相談者：
    児童生徒本人    保護者    担任教師    その他の職員
○発達相談に関する情報収集：
    専門書    関連雑誌    インターネット
○相談の申し込み、相談の形態：
    来所    電話    メール    巡回
○相談日時・時間：
    特定の日、特定の曜日と時間    随時
```

(筆者作成)

きる。また、相談をする形態は来所や電話だけでなく、相談したい内容をメールで送信して相談機関からの返信を待つといった手軽な方法で相談を受けることも可能になっている（**表2**）。このようなメディアを活用した方法は、相談者と相談機関において日時を気にせず相談できるというメリットがあるようにも思えるが、互いに顔を合わせず声も介さないため、相談者の真意を受け止め難い。期待する答えや有益なアドバイスが得られない場合もあることを知っておきたい。

第2節　発達障害に関する教育相談の実際

本節では、発達障害にかかわる小学3年の男児と中学2年の女子のフィクション事例を通して、児童生徒の様子から、保護者や教師が相談を受けるまでの過程を見ていく。

1　【事例1】学童保育の中の「気になる子」

＜小学3年のA君（男児）＞

A君は両親と弟との4人家族。個別面談で、父親は、A君が言うことを聞かないときは大声でどなりつけ、たたいて「しつけている」と言った。一方、母親はA君の思いを受け止めようと努め、わが子に対してイライラ

することもあまりない様子であった。A君が日々ささいなことでクラスメイトとのトラブルを繰り返すため、担任のK先生は、A君とクラスメイトの関係をどうしたらよいのか悩んでいた。またA君は放課後に学童保育へ通っていたが、集団遊びのルールに反対し他の子どもと毎日のようにけんかをするので、学童保育の指導員SさんもA君とのかかわり方に困っていた。ある日、K先生の小学校と地域の教育・福祉機関のスタッフが集まる機会があった。K先生は学童保育の指導員SさんからA君の放課後の様子について話を聞くうち、A君の日々の言動や行動によるトラブルがクラスメイトとの関係に限った問題ではないことに気づいた。そこで学校は、A君の保護者に説明し、同意を得て、専門機関で発達相談を受けることを促した。A君は地域の発達センターの紹介を経て、医療機関において「アスペルガー症候群」と診断された。

　A君の家庭では「発達障害」への気づきがなく、クラス担任と学童保育指導員がA君の行動に気づいて相談することを勧めた。A君の保護者は当初、彼が「発達障害」であるという診断を受け入れなかったが、A君の言動や行動が単に「わがまま」や「乱暴」では片づけられないこと、専門家の助言を受けてA君の行動に少しずつ変化が見られたことから、相談を経てA君の障害を知ることで個別的な対応ができることへの理解を示した。担任のK先生が学童保育の指導員と意見交換する機会を得たことで支援につながった例である。

2　【事例2】わが子の「困難さ」を理解していたつもりが－

＜中学2年のBさん（女子）＞

　Bさんは、授業中に黒板の字を写す時間がかかるうえ、ノートの行をそろえて書くことが苦手で、自宅へ持ち帰ったノートを見返しても、何と書いたのか読めないほどであった。Bさんは「文字を上手に早く書けるようになりたい」と学習教室へ通い始めた。その学習教室は保護者が参観できるので、Bさんの両親も毎回のレッスンに熱心に付き添った。しかし、Bさんが単語を書くまで時間がかかるので両親が待ちきれず、漢字の書き順

や英単語のスペルについて口を出してしまう。そのたびにBさんは自分へのいらだちとプレッシャーを感じていた。Bさんは学校を休みがちになった。そこでBさんの担任教師は、地域の特別支援学校内にある相談窓口へ支援を求めた。その特別支援学校は特別支援教育コーディネーターを通してBさんの支援について助言・指導を行うことになった。

第3節 特別支援教育と学校教育相談の体制づくり

　発達障害児への対応に鑑み、2007（平成19）年以降、障害の程度等に応じて特別の場所で教育を行う「特殊教育」から、障害のある児童生徒一人ひとりの教育的ニーズに応じて適切な教育的支援を行う「特別支援教育」への転換を図ることになった。ここでは、第1節で挙げたような児童生徒への対応を考えるとき、小学校や中学校ではどのような体制づくりが求められるのか、学校における教育相談の体制について見ていくこととする。

1　特別支援学校の地域におけるセンター的機能

　特別支援学校は、障害がある児童生徒を個別にかつ高い専門性をもって支援する教育機関である。したがって、特別支援教育に関する豊富な経験を備えた教員がおり、人的資源は豊かである。地域の小・中学校にとって、特別支援教育に関する「地域のセンター的機能」を持つ機関として期待されている。

2　校内委員会の設置とその役割

　発達障害をはじめ、教育相談の対象である児童生徒への支援体制を整えるために、校内に特別支援教育の委員会を設置する。この委員会は、校長などの管理職、養護教諭、スクールカウンセラーなど、さまざまな専門性を持った教職員で構成されるのが望ましい。校内委員会の主な職務は、対

象となる児童生徒の支援課題の明確化と個別の教育支援計画の作成である。これは児童生徒への一時的な対応ではなく、継続して支援を行うために、年に数回のケース会議を開いて学期・年間ごとの状況把握と委員間の意見交換を行い、そのつど解決策を探っていく必要があるからである。また委員会は、校内の特別支援教育に対する意識づくりを目的として、特別支援教育に関する研修の実施や資料配付による啓発活動を行い、職員間での連携・協同を促す役割も担っている。

(1) 担任教師、養護教諭、カウンセラー間での情報共有

先のBさんの例で見たように、思春期は学業面だけでなく交友関係においてもストレスを抱えやすい。相談対象である児童生徒の授業での様子、休み時間等の様子について、校内委員会の構成員である担任教師と養護教諭、カウンセラーが連携して情報を共有することが必要である。

図1●学校における教育相談と支援体制の例

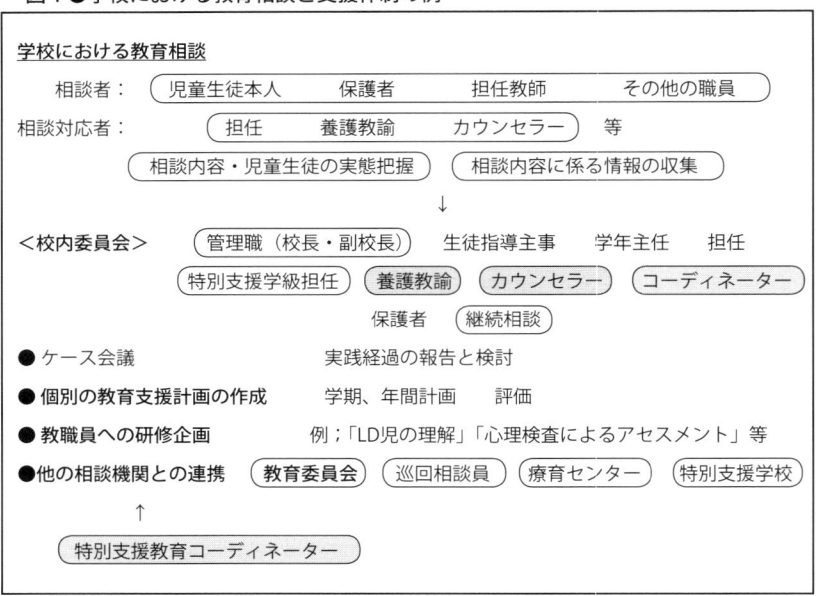

```
学校における教育相談
  相談者：    (児童生徒本人  保護者   担任教師   その他の職員)
  相談対応者： (担任  養護教諭  カウンセラー)  等
             (相談内容・児童生徒の実態把握) (相談内容に係る情報の収集)
                              ↓
  ＜校内委員会＞ (管理職（校長・副校長）) 生徒指導主事  学年主任  担任
             (特別支援学級担任) (養護教諭) (カウンセラー) (コーディネーター)
                     保護者 (継続相談)
  ●ケース会議              実践経過の報告と検討
  ●個別の教育支援計画の作成   学期、年間計画  評価
  ●教職員への研修企画       例；「LD児の理解」「心理検査によるアセスメント」等
  ●他の相談機関との連携 (教育委員会) (巡回相談員) (療育センター) (特別支援学校)
        ↑
    (特別支援教育コーディネーター)
```

『よくわかる発達障害』p.39を基に筆者作成

(2)「個別の教育支援計画」の作成

　通常学級において特別な支援が必要な児童生徒には、個別の指導計画（IEP）を作成する。また、個別の教育支援計画に沿って支援を実行した後はその内容を評価していく（Plan-Do-Check-Action）。個別指導計画の作成には、専門のスキルを要するが、特別支援教育の中心的役割である特別支援学校のコーディネーターらが地域の小・中学校等へ出向き、対象となる児童生徒の様子や特性を教師から聞き出し、有用な指導技術を教育場面に伝達・提供している。「個別の教育支援計画」書は、特別な支援が必要な児童生徒の教育相談における重要な基礎資料となる（図1参照）。

3　特別支援教育にかかわるコーディネーターの役割

　小・中学校では、担任教師を中心として校内委員が発達障害などの特別支援教育の対象となる児童生徒の教育相談の業務と支援体制を担うことになる。しかし、多様なニーズを持つ児童生徒への十分な対応を行うに当たり、現実のところ人的・物的にも限界がある。

　2007（平成19）年の「特別支援教育」開始以降、教員の校務として特別

表3●特別支援教育コーディネーターに求められる資質・技能

1．コーディネーション：校内外の資源と子どもの教育的ニーズを結び付け、校内外のさまざまな人的資源のや組織作りの活用
2．コンサルテーション：保護者や担任教師へのアドバイスや指導法について提案や助言等をしたり、校内で支援を必要とする子どもと教員、あるいは小・中学校への支援
3．ファシリテーション：関連機関との必要な連絡調整を行い、校内の教員等の力を集め、指導・支援の取り組みを促進する校内での体制づくりを目指す
4．ネットワーキング：校外の地域にある専門機関との連携
5．カウンセリング：保護者や担任の相談窓口となり、保護者や子どもの問題への気付き
6．アセスメント：子どもと子どもを取り巻く環境を含めて問題の実態を把握

出典：『学校コンサルテーションを進めるためのガイドブック』

支援教育コーディネーターが位置づけられた（前頁**表3**）。特別支援教育の構想を提言した「今後の特別支援教育の在り方について」（2003年3月）において、特別支援学校の特別支援教育コーディネーターに求められる役割は、① 学校内の関係者や関係機関との連絡・調整、② 保護者に対する学校での窓口、③ 地域の小・中学校等への支援を行う、④ 他の関係機関との連絡調整を行う、といった四つの役割を挙げている。

　「特別支援教育コーディネーター」は、特別支援教育に関する専門知識を有し、学校とその他の関係機関をつなぐキーパーソンとなる。担任教師や保護者の相談役として、学校と他の関連機関をつなぐ窓口として、特別支援の対象である児童生徒の家庭や医療機関への連絡調整役として、特別支援教育コーディネーターの果たす役割はとても重要である。

（1）小・中学校における特別支援教育コーディネーターの役割

　校内で指名された特別支援教育コーディネーターは、校内委員会組織においてリーダーシップをとり、児童生徒の支援を行う。たとえば、支援を要する（であろう）児童生徒への気づきから始まり、その支援が担任教師や学年での取り組みによっても十分な成果が得られない場合は、校内委員会やケース会議等を開き解決策を提案するような役割を担う。また、学外の専門家への説明・報告を行ったり、問題を抱えている児童生徒のクラスや学年の他の保護者への啓発活動等にも取り組んでいる。

（2）「特別支援教育巡回相談」と巡回相談員

　特別支援教育巡回相談は、発達障害に関する知識・技術を持った学校外の専門家が、学校を実際に訪問して、現場の教師と共同して児童生徒への支援方法を検討するシステムである。その多くは各学校からそれぞれの自治体を通じ要請を受けて始動する。森は、特別支援教育巡回指導相談における連携と共同の重要性を指摘している（「思春期・発達障害児童への発達支援」）。巡回相談の機会が専門家から学校への一方的な指導や形式的・形骸的な会議に終始するだけでは、子どもの発達支援への成果に結びつかず、教育現場と巡回相談員が双方の専門性と主体性を尊重し合う関係が不可欠であることを述べている。そして、パートナーシップのためのヒントを、

以下のとおり挙げている。
1. 教育現場、巡回相談員ともに互いの役割を明示し、かつ相手を知る。
2. 教育現場の課題意識を明確にし、それを言語化する（語る・書く）。
3.「魔法の杖」を求めず、教育現場の日常の実践に目を向ける。
4. 児童生徒だけでなく、教師・関係者のありようにも着目する。
5. 各種記録を大切し、これらの情報を「個別の指導計画」等の検討に生かす。
6. 一方通行ではなく、双方向の「対話」を大切にする。
7. 教育現場の先生が、「実践を語り合う」場面とプロセスを確保する。
8. 両者間の依存的関係に陥らず、主体的発想・判断を大切にする。
9. 建設的な話し合い（カンファレンス）を、学校文化に位置づける。
10. 教育現場も巡回相談員も、お互いの機能を「開発し合う」関係を目指す。

小・中学校と巡回相談員との連携・共同をスムーズに行うためには、校内委員会の構成員のうち養護教諭、カウンセラー、特別支援コーディネーター等が中心となって進めるとよいが、複数の教員がかかわることも大事である。

4　学校と地域をつなげるための教育委員会の役割

都道府県の教育委員会は、学校教員の研修、諸学校への教育指導・助言のほか、教育相談業務と就学相談を行っている。相談業務は、電話による相談と来所による相談受け入れが中心であるが、地域の教育機関等への巡回相談も実施している。自治体によっては、教育相談センター、就学相談室といった名称で業務を行っている。

5　特別支援教育に関する教員研修の意義

小・中学校の校内委員会におけるもう一つの取り組みとして、特別支援教育に関する教員研修の計画と実施が挙げられる。小・中学校の教師の多くは、障害や特別支援教育について学んだ経験は少ないと推測されること

から、研修を通して特別支援教育や障害について考える機会を提供できる。もし、学校内の教職員の特別支援教育に対する意識づくりを目的とするならば、LDやADHDといった発達障害児の行動特性と理解、K-ABC等の知能検査や心理検査の実施手順、特別支援教育コーディネーターと巡回相談員の対談を聞くなど、その研修内容は幅広く設定できる。実際に地域の巡回相談員とのアセスメント研修の実施、教育委員会の協力を得て特定エリアにおける小・中・高校での合同研修を行うといった実践例も報告されており、その効果も示唆されている（「特別支援教育学校コンサルテーションガイドブック」）。

おわりに

　本章では、発達障害の児童生徒の相談事例と、相談機関、具体的な支援づくり、専門職との連携など、学校教育における相談機関としての役割について述べた。「特別支援教育」になって以来、発達障害と特別支援教育のあり方は大きな転換期を迎え、学校内での委員会設置といった校内での支援体制づくりと、専門的知識と技法を提供できる特別支援学校や特別支援コーディネーターが大きな役割を果たしていることが分かる。

　発達障害に関する相談は「学校カウンセリング」と「学校ソーシャルワーク」の二つが融合したものととらえると理解しやすいかもしれない（「特別支援教育と教師」）。発達障害のある児童生徒への支援は、数多くの専門家の力が融合することによってもたらされるということを理解したい。

【文献一覧】

青木智子・山村豊編著『子どものための心理学：教育心理学・教育相談・支援』北樹出版、2013年

新井英靖「特別支援教育と教師」湯浅恭正編『よくわかる特別支援教育』（やわらかアカデミズム・〈わかる〉シリーズ）ミネルヴァ書房、2008年、pp.216-217

石川正一郎・藤井泰編著『エッセンス学校教育相談心理学』北大路書房、2010年

小野次朗・上野一彦・藤田継道編『よくわかる発達障害：LD・ADHD・高機能自閉症・アスペルガー症候群〔第2版〕』（やわらかアカデミズム・〈わかる〉シリーズ）ミネルヴァ書房、2010年

河村茂雄編著『教育相談の理論と実際：よりよい教育実践をめざして』図書文化社、2012年

鎌倉利光・藤本昌樹編著『子どもの成長を支える発達教育相談〔改訂版〕』北樹出版、2013年

国立特別支援教育総合研究所『障害のある子どもの教育相談マニュアル：はじめて教育相談を担当する人のために』ジアース教育新社、2010年

国立特殊教育総合研究所教育相談センター編『障害のある子どもの教育相談に関する実態調査：国内調査研究報告書：平成12年度-平成13年度』国立特殊教育総合研究所、2002年

国立特殊教育総合研究所教育相談部編著『学校コンサルテーションを進めるためのガイドブック：コンサルタント必携：課題別研究「地域の支援をすすめる教育相談の在り方に関する実際的研究」報告書』国立特殊教育総合研究所、2007年

奈良県立教育研究所「特別支援教育学校コンサルテーションガイドブック」2009年

森岡正芳編著『カウンセリングと教育相談：具体事例を通して理解する』（現場と結ぶ教職シリーズ14）あいり出版、2012年

森正樹「思春期・発達障害児童への発達支援」長崎勤・藤野博編著『学童期の支援：特別支援教育をふまえて』（シリーズ臨床発達心理学・理論と実践4）ミネルヴァ書房、2011年、pp.161-174

国立特別支援教育総合研究所　教育相談情報提供システム　http://icedd.nise.go.jp/　（2014年3月31日確認）

第10章

教育相談活動の実際④
～児童虐待～

永井知子

はじめに

虐待相談件数が年々増加し、重大な社会問題となっている今、従来、福祉の枠でとらえられてきた虐待問題への対応は、学校教育においても大きな課題となっている。日々児童と接する教職員が第一発見者となる可能性があり、その役割は多大なものであり、子どもや家族を援助するに当たって、学校は重要な援助ネットワークの一つである。本章では、虐待についての理解を深めるとともに、虐待問題に対する教育相談活動について示す。

第1節　児童虐待とは

1　児童虐待の現状

厚生労働省が毎年公表している全国の児童相談所への虐待相談件数のデータによると、2012（平成24）年度の対応件数は66,701件であり、前年度の59,919件に比べ、6,782件増加し、過去最多を更新している。さらに、被虐待児の年齢は、小学生以上で5割を超えており、虐待に対応する機関として、学校の存在、役割の重要性が増していると言えよう。また、虐待が判明した後も家族からの分離に至る事例は一部であり、学校が継続的に子どもとかかわる場合が多いことを考えると、教師が虐待についての知識、具体的な支援法を知ることは急務である。

2　虐待の種類

児童虐待は、児童虐待の防止等に関する法律（通称、児童虐待防止法）により、①身体的虐待、②ネグレクト、③心理的虐待、④性的虐待、の四つに分類されている。

①身体的虐待とは、子どもの身体に外傷を引き起こすような、親の意図的な暴力のことをいう。これは、最も目につきやすく、死に直結する理由

から、児童虐待の中でも早くから注目されたものである。

　②ネグレクトとは、子どもの心身の健康的な成長・発達にとって必要なケアを保護者が提供しないことをいう。ネグレクトの分類には、身体的ネグレクト（身体的な世話をしない）や情緒的ネグレクト（泣いていても放置する）、医療ネグレクト（高熱が1週間続いている子どもに市販の薬のみで対応して、症状を悪化させる）などがある。

　③性的虐待とは、親など保護的な立場の大人が子どもに対して性的な行為（キスや愛撫も含む）をすることをいう。虐待の中ではまだ十分に認識が広まっておらず、裏づける証拠が確認できないなど事実認定に確信が持てないことから、被害が把握されにくいといった現状がある。

　④心理的虐待とは、子どもの心に深刻なダメージを与えるような保護者の言動のことをいう。例えば、「お前なんかいなくなればいい」「死ね」というような、子どもの存在価値を否定するような言動を繰り返すといったことが挙げられる。また、親の暴力（DV）を目撃することも、心理的虐待に含まれる。

　この四つの虐待以外でも、代理ミュンヒハウゼン症候群といった特殊な虐待が新たに認識されるようになっている。これは、保護者が故意に子どもを病気に仕立て、医療機関で治療を受ける行為を繰り返すことが中心的な特徴である。日本では、2008（平成20）年、1歳の幼児の点滴バッグに腐敗水を混入させ、身体状況を悪化させたとして母親が逮捕されている。

第2節　虐待が子どもに及ぼす影響

1　アタッチメント行動の重要性

　虐待問題を考えるに当たり、アタッチメントは重要な概念である。アタッチメントとは、子どもの誕生直後から形成される養育者への強い本能的結びつきのことであり、人間の健全な成長・発達において重要な役割を

担っている。不安や苦痛といった否定的な感情を伴う体験をしたとき、養育者に抱っこや慰めを求め、安心感を取り戻すことをアタッチメント行動という。子どものアタッチメント行動には、回避型（不安な状況でもアタッチメント行動が生じにくいタイプ）、安定型（不安な状況では養育者を求め、安心すると離れることができるタイプ）、アンビバレント型（わずかな不安でもアタッチメント行動が活性化され、不安が収まりにくいタイプ）という三つがある。適切なアタッチメントを形成した子どもは、情緒的に不安定になったとき、親などのアタッチメント対象を適切に利用することで、自己の安定化を図ることができる。ただし、虐待やネグレクトといった不適切な養育環境下の子どもたちにとっては、親が安全基地として機能していないため、アタッチメント行動は無秩序型（アタッチメント行動が混乱し、一定のパターンに統合されていないタイプ）となる。

2　反応性愛着障害

　虐待が子どもの心に与える影響は非常に深刻で、後にさまざまな精神科症状、行動上の問題が現れる。不適切な養育により、親や保護者を安全基地として認識できない子どもにとって、アタッチメント行動は混乱しており、ときに病理性を帯びたものになる。DSM-Ⅳ（アメリカ精神医学会による精神疾患の診断基準）では、反応性愛着障害を「虐待やネグレクトなどの不適切な養育、あるいはアタッチメント対象の突然の喪失や、関係の断絶などによって生じる」としており、他者からの親密な働きかけを拒否する「抑制型」と、無差別的に社交性を示す「脱抑制型」に分類している。この診断を受けた子どもは、アタッチメント対象が十分に内在化されていないことから、心的イメージ（ママやパパが見ている、悲しませてはいけない）が形成されておらず、反社会性の問題を起こしやすいと言われている。学校生活においては、先生など大人に対して、不自然な関係の取り方（極端に甘えたかと思えば攻撃的な態度をとるなど）をしたり、視線を合わせることや身体接触に対して抵抗を示すなど、安定した信頼関係を築くことが難しいという問題が生じる。友人関係においても、自分のめんどうをよく

見てくれる友達にケガをさせてしまうようなかかわりや、家庭で受けた虐待行為の再現（「死ね」などの暴言を吐く）など、不適切なパワーゲームの人間関係を学習しており、トラブルを招くことがある。

3　トラウマ

存在が危険にさらされるような強烈なストレスを受けることを、トラウマ性体験といい、トラウマによって引き起こされる精神疾患をPTSD(Post Traumatic Stress Disorder)という。ただし、PTSDは1回限りの限局的な体験（災害や事故など）の際に生じる傾向があると指摘されていることや、虐待を受けた子どものストレス反応がPTSDの症状とは異なることが少なくないことから、虐待などの反復的・慢性的なトラウマ性体験による反応や症状は、複雑性PTSDあるいはDESNOS（Disorder of Extreme Stress Not Otherwise Specified：特定不能の極度のストレス障害）と呼ばれている。DESNOSには、突発的なかんしゃくや極度の感情制御のような感情コントロールの混乱、フラッシュバックや解離のような意識変化、絶望感のような自己意識の変化などの特徴がある。フラッシュバックとは、なんらかのきっかけで、封印していたトラウマ性体験や記憶がよみがえることをいい、解離とは、心身の統一が崩れて記憶や体験がバラバラになる現象のことである。これらは、意識を自分から切り離すことで、虐待を受けているときの痛みや苦痛を感じないようにする自己防衛の一種とも言える。学校生活においては、興奮や衝動のコントロールの困難により、思いどおりにならないとパニックになる、自傷行為を行うなど、問題行動が生じる。

4　脳に及ぼす影響

虐待を受けている児童生徒が学校生活で表出する問題行動のメカニズムについては、脳研究の知見も参考になる。21世紀になり、脳研究の進展から、虐待による慢性的なトラウマによって、脳の器質的変化（脳の形や構造そのものに変化）、機能的変化（脳の働きに異常が生じる）が引き起こされることが徐々に明らかになってきた。近年の研究では、被虐待児の脳は、

大脳全体の大きさが小さく、特に前頭前野（脳の高度な働きをつかさどる領域）の体積の減少が報告されている（『児童虐待という第四の発達障害』）。この場所では、見通しをつける実行機能や感情のコントロールを行っており、その機能が弱くなることで、感情や衝動の抑制が困難となる。また、脳梁の体積が小さく、その発達が抑制されることも示唆されている。脳梁とは、右脳と左脳をつなぐ橋の役割であり、これが小さいほど、解離症状を強く示すと言われている。他にも、記憶の中枢である海馬や扁桃体の機能異常を示すなど、被虐待児が示す脳研究の結果は多彩なものである。発達障害との関連など、因果関係について解明されていない部分はあるが、虐待が与える脳への影響の大きさについては理解しておく必要があろう（『児童虐待という第四の発達障害』『虐待が脳に及ぼす影響』参照）。

第3節　学校における虐待問題への対応

1　発見のポイント

　学校は、家庭の次に子どもたちが長い時間を過ごす場所であり、子どもたちの傷つきや悲しみ、怒りに気づくことができる重要な生活空間と言える。そのSOSを見逃さないための三つのポイントを次に示す。
　①子どもの外傷
　・複数の傷があり、新しいものと古いものが混在している
　・不審な火傷（特に、たばこによるもの）
　・不審な骨折や擦り傷、裂傷、体の柔らかいところにある傷
　・性器のあたりをかゆがったり痛がったりする（性的虐待の可能性）
　②子どもの様子や行動
　・試し行動や、周囲の怒りを引き出すような極端に攻撃的な行動
　・表情の変化（萎縮した様子、無表情、視線が合わないなど）
　・学業不振（集中困難、無気力、落ち着きのなさなど）

・自傷行為
・異常な食行動（過食、拒食、むさぼり食い）
・頻繁な欠席や遅刻
・不衛生（季節にそぐわない衣服や、同じ衣服ばかり着ている）
・年齢不相応な性への興味や性行動
③その他
・虐待された子どもからの打ち明け
・近隣住民、保護者からの連絡
・外傷に対する不自然な説明

　虐待は、さまざまな形で隠されるため、上記に挙げた項目のみならず、子どもの様子がなんとなく変だと思った場合には虐待を疑うことも必要である。また、虐待された子ども本人から打ち明けられることや、近隣住民、クラスの保護者から情報が提供されることもあるため、日常的に児童生徒や保護者から相談される関係づくりを心がけることも大切である。

2　発見後の対応

　虐待問題に対して、学校の教職員が一人で対応することは危険である。そこで、虐待が疑われる場合、早急に校内の関係者（管理職、担任、相談担当者、関係教職員、スクールカウンセラーなど）でチームを組み、情報収集を行うことが大切である。そして、得られた情報を基に協議を行い、児童相談所への通告を行い、連携を取ることが重要である。この際、虐待だという確証がないとしても、迷いによって手遅れになりうることを心に留め、気づいた時点で、協議された内容を通告することが望まれる。

3　子どもへの援助

　虐待を受けた子どもが、日常生活の場として学校を安全な場所だと認識できるようサポートが必要である。そのためには、虐待を受けた子どもたちが示すさまざまな心理・行動上の問題についての理解を深め、安全基地となりうる場所や協力者を準備する。そのことによって虐待を受けた児童

の不適切な感情表出を抑える工夫が大切である。また、本来は知的な発達に問題のない子どもであっても、教育を期待できる家庭環境ではないため、十分に学習する機会を得られず、学力の問題を引き起こしていることも多い。学力の問題から、さらなる自己評価の低下や問題行動の増幅を招くことがある。この二次的な被害を防ぐためにも、家庭での協力を得られる教育を前提にした本来の学校教育ではなく、児童の状況に応じた学力保障を行う体制を整えることも必要である。また、傷つきが繰り返されないためには、心理教育（衝動のコントロール、感情の把握、対人スキル、自尊感情の獲得など）を取り入れていくことも大切である。

4　家族への援助

　虐待をしている保護者の場合、「しつけ」の一環として自身の行動をとらえていることや、保護者自身が虐待に至るさまざまな背景を持ち、問題を抱えていることが多い。そのため、保護者とかかわる際には、共に考えるための信頼関係を築き、維持するための働きかけが重要である。支援者が感情的になり、保護者を一方的に非難したり指導したりすることは、学校や児童相談所など関係機関からの支援への反発を招き、今後の支援を困難にさせることもあるため、注意が必要である。

　かかわりのポイントとしては、聴く姿勢を持つ（責めない、指示的な接し方を避ける）、子どもの行動を理解する方法を示唆する（良い面の報告、暴力や脅し以外の子育て方法をいっしょに考える）、連絡や家庭訪問による支援（こまめに、分かりやすい連絡）などがポイントである。

第4節　虐待問題への相談の進め方

1　チームによる対応

　虐待の様相は極めて多様であり、福祉、保健、医療、教育、司法など多

岐にわたる問題を抱え、かつその背景やメカニズムも複雑である。そのため、虐待に対応する際は、緊急性や要になる初期対応と長い目で見る長期対応の両面で考え、個々の問題に応じた複合的対処をしなければならない。また、児童相談所への通告後、8割の子どもたちは在宅支援となる現状を鑑みると、子どもの成長や将来を見据えた支援体制をつくるためには、組織的に介入することが必要不可欠である。関係機関が連携してネットワークを作り、支援方針・目標・課題・対応・役割分担について定期的に協議し、統合的に子ども、親、家族への援助をすることが必要である。

2　事例に見る支援

【事例：問題行動の多いA君】

　家族構成：義父（38歳）、母（43歳）、A君（小6）、次女（5歳）

　概要：次女の出産後すぐに離婚した母は、A君が小学4年生の春、義父と再婚した。4年生の2学期ごろから、ささいなことで友達とけんかして暴言を吐いたり暴力を振るったりと、トラブルが多くなった。5年生になると、授業に集中できず立ち歩き、注意をすると激しく暴れるなど、先生も対応に困っていた。徐々に欠席が目立つようになり、家庭訪問に行くが、在宅中の義父に、「学校に行きたくないそうだ」と言われ、思うように会えない状況が続いた。

図●事例に見るチーム対応例

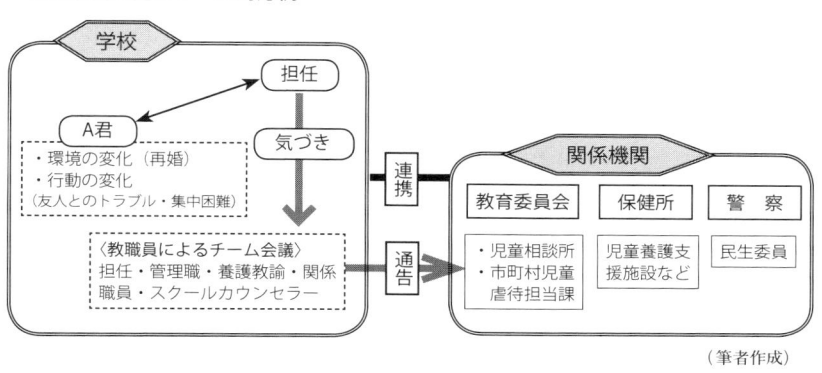

（筆者作成）

対応：具体的な対応について、前頁図で示した。担任が学年主任に報告し、相談委員会を開催したところ、教職員間で、問題行動に加え、忘れ物の多さや原因不明のけがなど、気になる点が共有された。虐待という確証はなかったが、A君と会えない状況が続いていることもあり、児童相談所への通告が行われた。その後、関係者によるチーム援助会議において、学校では登校してきたA君が安心できる場（保健室など）や人（相談担当、スクールカウンセラー）を提供する、児童相談所は家庭訪問や関係機関（保健所や保育所）からの情報収集により安否の確認および家庭への介入を行うという、方針が決定された。

　発見と支援のポイント：友人や先生とのトラブルの増加、説明が曖昧なけがなどは、虐待を疑うポイントである。さらに、家庭訪問などを行っても、明確な理由なく児童生徒との面会が遮断される場合には、安否確認のための早急な対応が必要である。また、Aくんは、ささいなことでキレる、集中困難、頻繁な忘れ物など、ADHD（注意欠陥／多動性障害）様の行動を呈していた。実は、虐待を受けた子どもは、多動性行動障害を呈することが多く、衝動的な盗みなどが多発する傾向がある。必要に応じて医師と相談のうえ服薬を考えるなど、虐待における発達上の障害の理解といった視点を持つことが大切である。

3　虐待問題を防ぐために

　虐待問題をこれ以上広げないためには、まず、関係者が子どもの命を守ることを最優先にする姿勢を持つことが大切である。そして、虐待の要因になりうる背景について考慮し、学校と地域、医療など具体的なネットワークを構築して、協働して子どもや家庭にかかわることが必要不可欠である。また、教職員が子どもや家庭理解のためのスキルアップを図る研修会に参加することや、バーンアウトしないようにメンタルヘルス維持・増進のための研修を受けることも重要なことと言える。

おわりに

　虐待を受けた子どもは、人生を通してその影響から逃れられない可能性を持っている。だからこそ、早期発見、早期対応により、重度化・深刻化を防ぐことが重要であり、虐待を受けた子どもへの十分なケアが大切なのである。子どもたちの変化に気づくこと、それは、教師にできる最大の援助であり、早期対応の第一歩である。学校という組織内のチームワーク、関係機関とのネットワークを通じて、虐待を受けた子どもやその家族に対して、継続的な支援がなされることが求められる。社会全体で子どもの命を守るという視点を持つことが重要である。

【文献一覧】

　厚生労働省「平成24年度　福祉行政報告例」2013年

　杉山登志郎『子ども虐待という第四の発達障害』(学研のヒューマンケアブックス) 学習研究社、2007年

　田村立ほか「虐待が脳に及ぼす影響」『精神医学』7月号（通常号）(Vol.48 No.7) 医学書院、2006年

　西澤哲『子ども虐待』講談社、2010年

　水野治久・諸富祥彦編『教師のための問題対応フローチャート：不登校・授業・問題行動・虐待・保護者対応のチェックポイント』図書文化社、2013年

　諸富祥彦編『チャートでわかるカウンセリング・テクニックで高める「教師力」』〔第5巻〕ぎょうせい、2011年

第11章

教育相談活動の実際⑤
～学業不振～

白石智子

はじめに

　教育相談で扱うテーマとしては、「いじめ」「非行」「不登校」「悩み」といったものがイメージされやすい。初学者に対し、「教育相談ではどのようなことが扱われると思うか？」と質問すると、上記のような問題を挙げる学生がほとんどであり、「学業不振」について答える者は少数である。教育相談において学業不振の問題が重要な位置を占めることについては、『生徒指導提要』の中でも触れられているものの、一般的には、教科指導の対象ではあっても、教育相談の対象としてはあまり認識されていない現状がある。

　学校生活の中心には「授業」があり、「学業不振」の問題は、当該児童生徒にとって授業そのものを苦痛な時間へと変えてしまう。本人たちはその時間にただただ耐えるか（ぼうっと座っている、分かっているふりをする、など）、あるいは別の過ごし方を模索する（関係のない作業をする、授業を抜け出す、授業進行を妨害する、など）。学業不振は、授業が分からない、成績が悪い、という授業とその評価にとどまる問題ではなく、その背景や影響の及ぶ範囲が非常に広い。成績が上がるように、単に勉強を教えればよい、すなわち表面上の問題にのみアプローチすればよいという話ではなく、なぜその児童生徒が学業不振を示しているのかという背景の理解と、それに応じた支援・指導をすることが重要なのである。

　本章では、学業不振の背景にある問題群を整理したうえで、どのような支援ができるかについていくつかの視点を紹介する。なお、学業不振は、広義には「学力が低い」状態を指す包括的な概念であるが、ここでは「知的発達水準の全般的な遅れが見られる精神遅滞、あるいは特定の学習に困難を示す学習障害がなく、かつ当該児童生徒の知的水準から期待される学業到達レベルに実際の学力が及ばない状態」という狭義の学業不振のみを扱う。

第1節　学業不振の要因

　学業不振の背景にあるものとしては、①学習面の要因、②パーソナリティ要因、③環境要因、④身体要因、などが挙げられる。これらの要因は、単独で影響を与えるというよりも、複合的・相乗的に影響し合って学業不振につながると言える。また、学業不振が各要因に与える影響もあり、両者は相互的に影響を与えながら進展していくと言えるだろう。

1　学習面の要因

　学習習慣が身についていない、学習方法が分からないといった学習面の問題が背景にあって、学業不振に陥っている場合である。学習習慣や学習スキルは、経験の積み重ねによって獲得されるものであるが、そのような経験をする機会が他の要因によって阻まれている、あるいは適切な強化がなされなかったために、未獲得・不十分な状態が続いていることが考えられるだろう。

2　パーソナリティ要因

　神経質、不安の高さ、情緒不安定性、自己効力感や自尊心の低さ、ストレス耐性の低さ、興味・関心の低さや偏りなどのパーソナリティ要因も学業不振につながる。例えば、対人緊張が高いために、授業中、教師やクラスメイトとのやり取りがうまくできず、分からないことがあっても質問できない、といったような問題を生じるようなパターンがあるだろう。また、自己イメージが低く、「どうせ私なんて勉強したって分からないんだ」と思っていると、授業への取り組みそのものが困難となる可能性が高い。

3　環境要因

　学校や家庭の環境も重要な要因である。
　学校環境としては、学校運営上の問題、教師の問題、学校での人間関係

の問題などが挙げられる。学校運営については、学校の設備や運営方針（教育目標や指導方針）といったハード面・ソフト面の内容が当該児童生徒の個別状況に合っていないことから学業不振が生じることがある。教師の問題としては、教師の教育課程内外においての指導力の問題や、パーソナリティの問題などが指摘できよう。たとえば、教師の教え方がまずい、あるいは画一的で個々の状況に応じた指導ができていない、学級経営の方針に問題がある、不適切な叱責や体罰、教師自身の情緒不安定性などである。学校での人間関係についても、学校生活の質に大きく影響する。教師やクラスメイトとの人間関係がうまくいかず、学校での居心地が悪くなると、授業への取り組みや通学そのものへのモチベーションを下げてしまう。

　家庭環境としては、経済的な問題や複雑な家庭事情によって学習環境が整わないケースや、保護者の養育態度などが関係している。前者については、貧困、両親の離婚や別居、多忙や入院による保護者の不在、そのような問題がある中でのソーシャルサポートの欠如などがある。勉強道具を入手できなかったり、家庭での学習習慣を形成する保護者の目がなかったり、不在がちな保護者の代わりに、児童生徒が家事や育児、介護に明け暮れなければならず勉強する時間がとれない（この場合、疲労によって、学校での授業中に寝てしまうという悪循環も起こりうる）、といったことが想定される。また、経済的・時間的な余裕があったとしても、家族成員の不仲など家庭環境の不安定さは、児童生徒の心理的な動揺につながり、学業不振の要因となることもある。保護者の養育態度については、無関心、無理解や放任、あるいは、過度の期待や干渉といった要因がある。保護者が学業に対して無関心であれば、学習習慣を身につける機会が極端に減ることになる。では、教育熱心であればよいかというと、程度によってはこれも問題となる。過度に期待をかけ、子どもの心理発達状況を無視した過干渉・過支配は、児童生徒の自律性を阻害、あるいは過剰適応をもたらし、結果として本質的な学習行動に支障を来すことも考えられる。

4　身体要因

　近視や難聴、肢体不自由、喘息(ぜんそく)や鼻炎なども、学業不振の要因となりえる。たとえば、視力や聴力に問題がある場合は、教師・仲間の声や板書など視聴覚情報の取り入れにかなりの集中力を要したり、あるいは不十分になったりする場合がある。慢性疾患を抱えていると、授業出席や勉強のために使える時間に制約が出てくる場合も想定される。

　また、なんらかの原因による疲労や服薬の影響などで、授業に集中することが難しい場合や、居眠りをする場合がある。このようなことが続き学業不振に陥っている場合は、当該児童生徒の様子について保護者への確認も含め、しっかりと把握する必要があるだろう。

第2節　学習意欲を育てる

　「意欲」は、心理学では「動機づけ（motivation）」と呼ばれ、盛んに研究されてきた。動機づけとは、ある行動を一定の方向性をもって生起・持続させる心的過程・機能のことである。

　そもそも学習意欲とは何なのか、どうすれば意欲を持つことができるのかについて、動機づけの研究からいくつかの視点を基に考えてみよう。

1　内発的動機づけと外発的動機づけ

　学習意欲は何によってもたらされるのだろうか。その源泉としてまず挙げられるのは「好奇心」である。目新しいこと、興味を持ったことについて知りたい、活動そのものが面白い、そういった好奇心を源泉とした動機づけを「内発的動機づけ（intrinsic motivation）」という。他方、私たちに意欲をもたらすものには、外部からの働きかけもある。親や教師が褒めてくれるから勉強する、テストで悪い点を取りたくないから勉強するといったたぐいの、外部から与えられる賞や罰によって生じる動機づけを「外発的

動機づけ（extrinsic motivation）」と呼んでいる。

　内発的動機づけは、好奇心によってその活動をすること自体が目的であり、その意味では自律的である。一方、外発的動機づけは、外部からの働きかけである賞を得ること、あるいは罰を避けることを目的とし、活動はそのための手段という位置づけであることから、他律的と言える。このように、内発的動機づけと外発的動機づけを対比的にとらえた場合、どちらが好ましいと言えるだろうか。面白いから勉強をするというのと、お小遣いがもらえるから勉強する。どちらも勉強意欲があると言えるが、児童生徒の成長を考えたとき、やはり前者のほうに分がありそうである。ただし、実際の学習意欲がどちらの動機づけによるものであるかを明確に分けることはほとんどの場合困難であり、内発的動機づけと外発的動機づけは本人の中で統合されていることが多い（「学習を支える動機づけ」pp.82-100）。児童生徒の学習に対する内発的動機づけを高めるために有効な働きかけ（外発的動機づけ）について意識する必要があるだろう。

2　学習性無力感

　前項では学習意欲をもたらすものについて扱ったが、では、学習意欲をなくさせるものにはどのようなものがあるだろうか。意欲がない状態、すなわち人が無気力になるのはなぜか。ここでは「学習性無力感（Learned helplessness）」を取り上げる。

　人は、ある行動を起こし、それによって望ましい結果が得られた（あるいは望ましくない結果を避けられた）という経験を積み重ねることで、自分の行動によって結果が変わる、すなわち自分の行動によって事態をコントロールすることが可能である、という期待（随伴性認知）を持つ。一生懸命テスト勉強をしたら良い点数をとることができた、サッカークラブの練習を頑張ったら試合に勝った、というのは、テスト勉強やサッカーの練習という行動によって、成績という結果がコントロールされたという経験であり、これは「努力すれば結果がついてくる」という期待につながるのである。しかし、努力しても結果につながらない、失敗経験ばかり積み重ね

表●なぜ数学の実力試験で失敗したか

	内的（個人的）		外的（環境的）	
	安定	不安定	安定	不安定
普遍性	頭が悪いから	疲れていたから	どれもテストというものは不公平だから	日が悪い、13日の金曜日だったから
特殊性	数学は苦手だから	数学の問題を解いていると、うんざりしてくるから	数学のテストというものは不公平だから	数学のテストに「13」という不吉な番号がついていたから

出典：『テキスト臨床心理学4』p.19

ると、「自分の行動では何も変わらない」ということ、つまり「無力感」を学習してしまう。これが学習性無力感であり、心理学者のセリグマン（Seligman, M.E.P. 1942-）が提唱した。

　では、失敗経験をすれば誰もが同じように無気力になるのかといえば、そうではないだろう。そこにはやはり個人差がある。無気力になりやすい人とそうではない人がおり、またその程度もさまざまである。その個人差が生じる要因となるものとして、「原因帰属（causal attribution）」という考え方がある。原因帰属とは、その人が物事の原因をどこに求めるかということであり、改訂学習性無力感理論においては、①内在性の次元（内的・外的）、②安定性の次元（安定的・不安定的）、③全般性の次元（普遍的・特殊的）、の3次元があるとされる。この理論では、失敗の原因を安定的・普遍的なものに帰属する人ほど、学習性無力感に陥りやすいとされている。また、内在性の次元は、自尊心に関係するとされ、失敗原因を自己内に帰属する人は自尊心を低下させる。表によると、「なぜ数学の実力試験で失敗したか」の原因として考えられることはいくつもあるが、その中でも内的・安定的・普遍的に帰属している人（この場合は「頭が悪いから」）ほど、無気力に、抑うつ的になる可能性が高いと言える。

3　学習意欲・学習習慣を育てるための支援

　学習意欲を高めるもの、また低めるものについて見てきたが、では実際

にはどのような支援をすることができるだろうか。意欲が低く、実際に活動できていないという児童生徒については、「やればできる」「がんばれ」という励ましの言葉かけだけでは不十分、あるいは不適切な場合が多い。学習への動機づけの観点からは、内発的動機づけを促すこと、また、無気力傾向に対しては本人にとっての成功体験を積み重ねる、ということが重要である。

単に「学業成績を上げる」という結果のみを追求するのではなく、本人が自律的に物事に取り組めるようになる、ということに主眼を置くべきであろう。したがって、学業不振からスタートした問題であっても、必ずしも学業をテーマに扱う必要はない。教育課程外の生活をテーマに自律性を獲得していくことが学業不振の改善につながることもあるだろう。まずは、当該児童生徒の状況について観察・情報収集し、多々ある活動の中で少しでもできていることや興味を示しているものを見つけることが第一歩となる。周囲の大人から「やりなさい」と指示・強制されてやっている他律的なことではなく、自ら進んで行っている自律的な活動を伸ばす、ということが大切である。その際の留意点に、「アンダーマイニング現象」と呼ばれるものがある。アンダーマイニング現象とは、自ら進んで行っていた活動（内発的動機づけによる活動）に対し、その活動内容とは関係のない賞（外発的な報酬）が与えられると、もともとの内発的動機づけが低下してしまうという現象である。親が子どものやる気を出そうとして提案する「今度のテストで100点を取ったら、お小遣いをあげる」という約束は、確かに短期的には子どもの勉強する気を引き出し、成績を上げるという結果に結びつくかもしれない。しかしながら、この手法は、それまで「分かることが楽しくて」勉強していた子どもの認識を、「お小遣いが欲しいから勉強する」という認識に変えてしまい、長期的には自律的な学習意欲を低下させてしまうのである。このような児童生徒の自律性を妨害するような働きかけを、周囲（保護者や教師など）がしていないかどうかにも目を配る必要があるだろう。他者から指示・強制されるのではなく、自分の意志で自分の行動を決めるという自己決定性への欲求は、内発的動機づけの中核

に位置するものとされている。

　無気力傾向が強い場合について、学習性無力感を考えるときに重要な視点は、この「無力感」は後天的に学習されたものである、ということである。もともと無気力なのではなく、これまでの経験により自分の行動の力を信じることができなくなっているのである。したがって、その支援の際には、行動によって結果が変わる、という成功経験を積ませ、「できる」という期待を持たせることが必要と言える。その際にはまず、これまで本人がどのような行動をとってきたのか、どこがうまく機能しなかったのか、どこに原因帰属をしているのか、などの背景を明確にしたうえで対応を検討することである。そして、最終目標までに至る過程をスモールステップに分け、一つ一つの小目標をクリアしていくのがよい。「できた」という体験ができる、それぞれの児童生徒に応じた目標設定をすることが重要なのである。一つの小目標がクリアできると、次の段階へと進むわけであるが、その際、教師のペースを一方的に押しつけることがないように注意したい。少しできるようになると「これができるのだったら、次は一気にここまでやってみよう」と勧めたくなるものである。もちろん、そのような励ましが奏功する場合もあるだろう。しかし、ここで大切にしたいのは、児童生徒自身が「できる」という期待を持ち、それが行動につながることである。教師自身も焦る気持ちをコントロールしながら、しっかりと目の前の児童生徒に向き合い、サポートしたい。

第3節　授業に生かす教育相談の視点

　『生徒指導提要』において、教育相談は「児童生徒それぞれの発達に即して、好ましい人間関係を育て、生活によく適応させ、自己理解を深めさせ、人格の成長への援助を図るものであり、決して特定の教員だけが行う性質のものではなく、相談室だけで行われるものでもありません」とされ、教育相談の対象は「すべての児童生徒」となっている。したがって、教育

相談はすでに問題を抱えている児童生徒のみを対象として、相談室の中で特定の立場の者（教育相談担当の教師、養護教諭、スクールカウンセラーなど）が対応するといったものではない。

1　3段階の援助サービス

　学校教育における援助サービスを3段階に分けるモデルでは、それぞれの段階における対象と問題を以下のように示している（第2章36頁参照）。
　① 一次的援助サービス：全ての児童生徒を対象とし、学習スキルや対人関係スキルなどの基礎的な能力の開発や、入学時の適応など予防的な取り組みを行う。
　② 二次的援助サービス：一部の児童生徒を対象とし、学習意欲の低下や友人関係でのつまずきなど困難の兆候に対して予防的な働きかけ（早期援助）を行う。
　③ 三次的援助サービス：援助ニーズの大きい児童生徒を対象とし、不登校やいじめなどの問題に対し個別の対応を行う。

　このうち、一次的援助については、表面的には特に問題を示していない全ての児童生徒を対象とするため、教育課程内外を問わず全ての場面で適用される。特に学校生活の大半を占める通常の授業では、分掌に関係なく全ての教師がその担い手となることが期待される。また、二次的援助に関しても、日常の中から問題の兆候を見つけるという目を養うことが期待され、授業中の態度や成績の変化はその重要な指標として挙げられるだろう。

2　教育相談の視点を生かした開発的・予防的かかわり

　授業は「指導」の場であると同時に、「援助」の場でもある。教師はときに両役割の間で葛藤を抱えることもある。しかし、このことは、授業で勉強を教えながら、同時にカウンセリングをすることを意味しているわけではない。日頃からの温かい学級風土づくりや、児童生徒と教師との信頼関係の構築、授業における質問しやすい雰囲気づくり、肯定的な言葉掛け、児童生徒それぞれの個性を踏まえたグループワークや発見学習など、授業

内容の工夫…といった取り組みは、教師だからこそできる援助方法であり、開発的な働きかけにも、また将来の大きな問題を予防することにもつながるだろう。

おわりに

学業不振の問題は、そのことだけが問題になるケースに限らず、別の大きな問題の兆候（あるいは結果）として現れることも多い。しかし複雑な問題を抱えている中でも、学業不振を改善することで児童生徒が自律性、自尊心を身につけ、成長につながる場合も多い。この問題を通して、教育相談の範囲の広さを再認識してほしい。

【文献一覧】

石隈利紀『学校心理学：教師・スクールカウンセラー・保護者のチームによる心理教育的援助サービス』誠信書房、1999年

鹿毛雅治「学習を支える動機づけ」無藤隆・市川伸一編著『学校教育の心理学〔補訂版〕』（教育演習双書2）学文社、2012年、pp.82-100

デビソン, G. C.・ニール, J. M.・クリング, A. M.（下山晴彦編訳）『テキスト臨床心理学4』誠信書房、2006年

外山美樹『行動を起こし、持続する力：モチベーションの心理学』新曜社、2011年

日本教育心理学会「スクールサイコロジスト（学級心理学に基づくスクールカウンセラー）とは」1996年

福島脩美編著『学習』（スクールカウンセラー事例ファイル5）福村出版、1998年

文部科学省『生徒指導提要』教育図書、2011年

第12章

保護者との連携、支援のあり方

廣澤愛子

はじめに

　本章においては、教育相談における保護者との連携、そして保護者への支援について述べる。その際、具体的な教育相談事例を取り上げて、保護者との連携や保護者への支援について重要なポイントを提示する。

第1節　保護者との連携について

1　保護者と連携することの重要性

　児童生徒にとって、学校と家庭は一日の大半を過ごす中心的な生活の場であり、教師と保護者は児童生徒を最も身近に知る存在である。児童生徒が生活場面で見せるさまざまな姿を通して、教師も保護者もその児童生徒（保護者にとっては、わが子）を理解し、児童生徒の健やかな成長を願いながら、日々共に過ごしていると言える。しかし、教師から見た児童生徒像と保護者から見たわが子像には、しばしば違いが見られる。その場合、学校と家庭という環境の違いによって、児童生徒自身が学校で見せる言動と家庭で見せる言動が異なることもあれば、教師の考え方と保護者の考え方が根本的に異なり、児童生徒の言動のとらえ方が違う場合もある。いずれにせよ学校現場において、児童生徒が教育相談の対象となるようななんらかの問題を呈するとき、「家庭では、最近どのような様子なのか」「どのような状況が本人にとってはストレスフルなのか」など、児童生徒の置かれている全体的状況を把握することが極めて重要である。なぜなら、学校での問題行動だけを取り上げてその対応を考えるのではなく、児童生徒の置かれている全体的状況や本人の特性などを踏まえて、「なぜこのような問題行動を呈するのか」を明らかにすることが、それに対するより有効な支援の構築に結びつくからである。もちろん、このように教師が保護者と連携することによって、かえって両者の児童生徒像（保護者にとっては、わ

が子像）の違いが浮き彫りになるかもしれない。しかし最も重要なことは、児童生徒のより良い成長に寄与する支援を行うことである。教師と保護者の双方が、その最も重要な点を共有していれば、多少の食い違いが生じても両者の連携が破たんするような大きな問題にはならないだろう。

しかし、「保護者に学校での様子を伝えると、保護者が自分の養育や子どもを非難されたと受け止めそうで、うまく伝えられない」と語る教師がいるのも事実である。このような言葉からは、教師が保護者との関係づくりに苦心していることがうかがわれ、実際、近年ますます教師と保護者の関係が難しくなっている（「モンスターペアレント論を超えて」）。そこで次項では、保護者との関係の難しさを感じさせた一事例を取り上げ、保護者とうまく連携するための工夫やポイントを具体的に提示する。

2　保護者と連携するための工夫〜事例の提示〜

教育相談担当の教師が、苦労しつつも徐々に保護者と連携し、児童生徒を支援した事例を紹介する。筆者は、教育相談担当の教師から保護者との連携がうまくいかないとの相談を受け、スーパーバイザーとしてかかわった。なお、事例の概要や経過は、プライバシー保護の観点から複数の事例を組み合わせた内容とし、個人が特定されないよう配慮した。

（1）事例の概要

小学3年生のA君は、授業中頻繁に立ち歩き、突然イライラして大声を出したり不安がって泣き出したりする。就学時からこれらの問題行動は多少見られたが、教師や級友に恵まれて学校生活を送ってきた。家庭では、両親と祖父母に非常に大切に育てられてきた。担任教師は発達障害の可能性も感じていたが、保護者とそのような話はしてこなかった。

（2）事例の経過（全経過を5期に分ける）

Ⅰ期（小3の1学期）：保護者との関係が悪化する

新学期の初日、教室も級友も変わったことがA君にとってストレスだったのか、「教室に入れない」「怖い」と言って泣く。その後、毎日のように授業中立ち歩き、突然イライラして大声を出す。担任が丁寧に支援するも、

A君のイライラと不安は収まらない。このようなA君の様子を、担任が保護者に少しずつ伝えるが、保護者（父親）は「家ではふだんどおりなのに、なぜ学校ではそのように荒れるのか」「学校の環境が悪いのではないか？」と不信感を募らせる。またこの頃、教育相談担当の教師が、教室に居ることが不安なA君に別室で学習支援を行うが、そのことがかえって保護者（父親）の不満につながり、「特別扱いしないでほしい」と言う。

Ⅱ期（小3の夏休み）：保護者との関係修復に努める

A君の状態が良くないこと、保護者との関係も悪化していることを踏まえて、担任、教育相談担当の教師、そして管理職も含めて保護者と面談を行う。父親は学校の対応に否定的であり、攻撃的な口調で不満を語る。学校側はじっと父親の語りを聴き、最後に「お父さんの気持ちが今日とてもよく分かりました。できればもう一度、皆で集まって話がしたい。どうかA君が少しでも楽しく学校生活が送れるよう、皆で知恵を出して考えたい」と伝える。父親も母親も了解する。2回目の面談では、前回何も語らなかった母親が口を開く。母親は涙を流しながら、「Aが学校に行きたくないと言う。主人といろいろ相談して、Aが少しでも楽しく学校生活が送れるなら、やれることはやっていきたいと思う」と語る。そして両親共に、教室に居るときには支援員をつけること、イライラが高じたときには別室で学習を行うことを了解する。

Ⅲ期（小3の2学期）：保護者の本当の気持ちを知る

2学期が始まり、A君への個別支援が奏功し、イライラの頻度が減る。また、イライラが高じると別室に行けるため、A君の安心感が増しているようである。しかし、人の多い場所（教室や集会の場）では不安が高じ、頭を抱えてしゃがみこむこともあった。一方、保護者との関係は随分改善され、毎日のように担任が学校での様子を伝え、保護者（母親）からは家庭での様子を聞く。その中で、母親が「保育園の頃から、この子は他の子とどこか違うと感じていた。ずっと不安でした」と涙を流す。そこで、教育相談担当の教師が母親の話を定期的に聴き、母親の不安を共有する。

Ⅳ期（小3の冬休み）：医療機関の受診を勧める

夏休みに行ったのと同様の合同面談を行い、A君の最近の様子について互いに話す中で、A君の不安を鎮める方法を見つける必要があるという認識を共有する。そして教育相談担当の教師から、服薬によって不安が収まる可能性もあるので専門機関の受診も考えてみてはどうかと提案する。両親ともに納得する。そして医療機関を受診した結果、広汎性発達障害という診断を受け、薬を処方してもらう。父親は「自分の中にある障害のイメージと息子が結びつかない」と違和感を口にする。母親は「この子は他の子とどこか違うと思っていたことが、ここにつながったという感じ。腑に落ちる感覚と、でも認めたくない気持ちと…」と語る。

　Ⅴ期（小3の3学期）：保護者と連携してA君を支援する

　服薬が奏功し、A君の不安はかなり減る。また、一日の予定を全て視覚的に提示することで生活のパターンが把握でき、困ったときには誰に何を頼めばよいのかもはっきり認識できるようになったため、安定感が増す。その結果、授業中の立ち歩きなどもほぼ消失する。その後も、教師と保護者は毎日連絡を取り合うが、このころには、保護者の「今日は算数の宿題をやり、Aは割り算が得意なようで、楽しくやれました」という言葉を受けて、教師が「A君が学習に楽しさと達成感を持てるよう、学校でも割り算を丹念に学習してみますね」と返すなど、両者が連携してA君の育ちに寄与する、という関係が成立していた。

（3）まとめ

　Ⅰ期では、学校でのA君の様子と家庭でのA君の様子が異なるため、保護者は学校の対応に不信感を抱く。しかしⅡ期で、教師が保護者との関係修復に努め、まずは保護者の不満を受け止めたうえで、「子どもが楽しく学校生活を送れるように」という目標を互いに共有する。するとその後、「子どものためなら」と、両親は個別支援を受け入れ、さらに母親は、わが子について抱いていた違和感や不安を打ち明け、教師がそれを受け止めていく（Ⅲ期）。そして母親と教師の信頼関係が深まった段階で医療機関を受診する（Ⅳ期）。その後、服薬などでA君の状態が大幅に改善されると同時に、教師と保護者の連携に裏打ちされた支援が定着する（Ⅴ期）。

3 「保護者との連携」におけるポイント

(1) 信頼関係を築く

　保護者との連携において重要なことは、まずは保護者と信頼関係を築くことである。本事例ではまず保護者（父親）の不満を聴き、そのうえで子どもの成長促進のために協力するという目標を共有する。つまり、まずは保護者の気持ちを聴くことが大切だが、ただ保護者の意向を無条件に受け入れるのではなく、教師と保護者が、子どもがより充実した学校生活を送れるよう力を合わせ、必要な支援を行うという点を共有することが重要と言える。このように目標をきちんと共有することが、保護者と教師の信頼関係の破たんを防ぎ、連携体制を強めることにつながると思われる。

(2) 保護者を支える

　教師と保護者の間に信頼関係が成立すると、保護者はよりいっそうさまざまな思いを語るようになる。本事例では、母親がわが子に対して抱いていた不安や違和感が語られる。教師がそれらを受け止めることによって、さらなる支援の展開（医療機関の受診）へとつながる。このように保護者を支援することが児童生徒へのよりよい支援につながることは多く、親が変わることによって子どもも変わることは、しばしば指摘されている（『親面接のポイント』から）。保護者と連携して児童生徒を支援する際には、教師が保護者を支援することが結果的には子どもを支援することにつながる、という認識を持つことが大切である。

(3) 医療機関の受診を焦らない

　本事例では、医療機関を受診した後、服薬によって不安が大幅に軽減しており、もっと早く専門機関につなぐとよかったのではないかと思う人もいるかもしれない。実際、発達障害については早期診断・早期療育が望ましいといわれており（「そだちの科学18号」）、もちろん、それが可能な場合はそれでよいが、教師と保護者の信頼関係が成立しないときには、まずは両者の関係性を築き、連携体制を整えてから医療機関の受診などを勧めた方がよいと思われる。児童生徒は長い期間、学校に身を置く。保護者が学

校と良好な関係を築き、わが子の状態を一つ一つ納得して受け入れることが、子どもの自己受容感を高め、結果的に健やかな成長を促進することにつながる。またそもそも、服薬以外に学校現場でできる支援（手立て）も多くあると思われる。保護者と児童生徒の今後の長い人生を見据えて、「今行うべき最も大切な支援は何か」を常に検討する姿勢が肝要である。

第2節　保護者への支援について

1　保護者支援の必要性

　近年、教師の仕事の中に、保護者支援の占める割合が増えつつある。教師は実に多くの仕事をしており、過度の多忙が問題になっているが（『教師の専門性とアイデンティティ：教育改革時代の国際比較調査と国際シンポジウムから』p.175）、特に教育相談の対象となる事例においては、保護者支援が必要となる場合が多い（「『すぐにキレてしまう子』と言われた小3男児とともに」）。保護者支援が必要な場合、先の事例のように、児童生徒へのより良い支援のために保護者の理解と協力が必要という場合もあれば、親自身が大きなストレスを抱えていたり精神疾患を有しているなど、子どもを十分に養育できない場合もある。後者の場合の保護者支援においては教師が抱える負担感は極めて大きく、保護者からは学校に対する苦情や非難という形でSOSが出されることも多い。

　そこで本節においては、後者のような教育相談事例を一つ取り上げ、保護者の抱える問題が大きい場合の保護者支援について検討する。

2　保護者を支えるとは〜事例の提示〜

　先の事例と同様に、筆者がスーパーバイザーとしてかかわった事例を提示する。事例の概要や経過については、プライバシー保護の観点から複数の事例を組み合わせた内容とし、個人が特定されないよう配慮した。

(1) 事例の概要

　小学2年生のBちゃんは、就学時から週2回程度学校を休み、登校日にも遅刻する。母子家庭であり、母親の仕事が夜遅いため、生活リズムが身についておらず朝起きられない。担任は放課後に個別の学習支援を行ったり、朝、Bちゃんの家に行って登校を促すなど、こまめにかかわってきた。しかし保護者（母親）は、「勉強が分からないからBが学校に行きたがらない」「担任が怖くて学校に行けないと言っている」など、担任のかかわりを非難し、校長へ直接電話をして不満を語るようになる。

(2) 事例の経過（全経過を5期に分ける）

　Ⅰ期（小2の夏休み）：問題を整理する

　担任、副担任、教育相談担当の教師、学年主任、校長、教頭、筆者で会議を開き、本事例の問題をあらためて整理する。その中で、保護者の非難は理不尽だが学校への不信感の表れであること、担任のかかわりも現状では裏目に出てしまっていることが共通認識として得られた。一方、Bちゃんは相変わらず週2日程度学校を休むが、学校に来るといつも楽しそうに過ごしているので、学校にいる時間にBちゃんが充実した時間が過ごせるよう工夫しつつ、いったん家庭訪問は取りやめることに決める。

　Ⅱ期（小2の2学期）：学校としての対応を検討する

　家庭訪問を取りやめ、Bちゃんが学校にいる時間に充実した活動ができるよう工夫を重ねるが、保護者からは相変わらず苦情の電話が続く。その内容は理不尽であり、学校としては困惑感と腹立たしさの両方が芽生える。そして「学校が行っている支援の全てが保護者に誤解されている」「保護者と話し合い、こちらの教育理念を伝えるべき」という意見が会議で多数を占めるようになる。

　Ⅲ期（小2の冬休み）：保護者との関係が悪化する

　保護者から苦情の電話がかかってきたときに、校長から「一度、学校に来てください。Bちゃんが少しでも充実した学校生活が送れるよう、いっしょに考えていきましょう」と伝える。保護者は校長の申し出を受け入れ、来校する。校長室で、校長・教頭と保護者が話をし、校長は学校側の考え

や思いを丁寧に伝える。しかし保護者は「そんな話は聞きたくない。担任のかかわりは不適切だ」と激昂し、より関係が悪化してしまう。

　Ⅳ期（小2の3学期）：もう一度、学校としての対応を検討する

　保護者との関係が悪化した直後、検討会議を開く。皆が無力感を覚える中、副担任が「保護者にこちらの思いを分かってもらうのは難しいと思う」と発言する。筆者も同感し、「むしろ、なぜ保護者が苦情を訴えるのか、その真意をつかんで適切な対処方法を考えたほうがよいと思う」と伝える。すると担任が「保護者の真意なんて分からない。何を言っても悪い方に受け止める。すごく被害的」と無力感をこめて語るが、すぐさま教頭が「被害的っていうのはピッタリくるなあ。保護者の被害感を鎮めるかかわりが大切なのかな」と言う。校長も納得し、「こちらの考えを分かってもらうのは諦めて、方向転換しましょう」と言う。

　この頃、保護者からの苦情の電話は減るが、替わりに来校して苦情を訴えるようになる。そこで、校長から職員会議の場で全職員にこの事例の概要を伝え、その対応について意見を求める。すると、①保護者が来校した際、職員が皆フレンドリーに挨拶をし、皆が気にかけてくれていると思ってもらう、②校長室で話すと話がエスカレートするので、職員室など人の目のある所で話してもらう、③保護者の苦情を一人の教師が丁寧に聴くのではなく、その場に居合わせた教師は、「だいじょうぶ？」などと保護者をねぎらうような雰囲気で話に参加する、という三つの対応策が出された。つまり、全職員で対応することで校長と担任の負担を減らし、全職員の目が注がれていると保護者に認識してもらうことによって保護者の被害感と怒りを鎮める、という方向性が見いだされた。

　Ⅴ期（小2の春休み）：Bちゃんを共に育てるというスタンスを確立

　新しい方向性で保護者とのかかわりを行い、全職員で保護者に対応するうちに、保護者が一人の養護教諭に親しげに話をするようになる。そこで保護者が来校する際には、できる限りその養護教諭に入ってもらう。また偶然、ある教師が保護者と同じ趣味を持つことが分かり、その教師にも親しげに話をするようになる。すると保護者の話の内容が徐々に変化し、最

初は苦情のみであったのが、そこに趣味の話や自身の話が混ざるようになっていく。担任や校長への不満は変わらないものの、養護教諭らとは信頼関係が芽生え始め、自分自身の悩みも語り始める。

　このころ、検討会議を開き、今後の保護者への対応を検討する。そして、保護者との信頼関係が芽生え始めているのはよいが、保護者自身の悩みを聴くのではなく、あくまで、Bちゃんを共に育てるというスタンスでBちゃんの話を中心に据えるのが適切ではないか、という結論に至る。そこで養護教諭が中心となって、話の内容を徐々にBちゃんの学校や家庭での様子を話し合う方向へ移す。そしてタイミングを見計らって、養護教諭から、Bちゃんの家の近くに住む教師が朝Bちゃんの家に迎えに行くことを提案する。保護者はすんなり了解する。

　その後、Bちゃんの遅刻や欠席の頻度が大幅に改善していく。そして引き続き、保護者が来校すると養護教諭を中心とした複数の教師が保護者に対応し、保護者の苦情を聴くというよりも、Bちゃんの様子を共有するという方向性で話を聴き、支援を続けた。

（3）まとめ

　Ⅰ期では、本事例の問題点を整理し、児童生徒への細やかなかかわりは続けつつも家庭訪問はやめることに決める。しかし保護者の苦情が収まらず、Ⅱ期では保護者に学校側の思いを伝えることを決める。しかしこれが裏目に出て保護者の不満が膨らみ（Ⅲ期）、来校して苦情を言うようになる（Ⅳ期）。そこで学校側で会議を開き、保護者の理解を得ることは諦めて、保護者の言動の真意をつかんで適切に対処することを検討する。また、全職員に本事例へのサポートを求める。その結果、保護者の状況に見合った対処方法が提案・実行され、徐々に保護者が養護教諭に信頼感を持つようになる。その後、その信頼関係を基盤に、教師がBちゃんの家に朝迎えに行くことが実現し、Bちゃんの遅刻や欠席が改善される。

3　「保護者支援」におけるポイント

　ここでは、本事例のように、保護者の抱えている問題が大きい場合の保

護者支援について支援の要諦をまとめる。

（1）的確なアセスメントと冷静な対応

保護者が抱える問題が大きい場合、保護者に学校側の意向を理解してもらい、共に子どもを支援するというやり方は適さないことが多い。この事例でも、学校側の意向を伝えたことが保護者の不満を倍増させる契機となってしまう。むしろ大切なのは、保護者の言動を丁寧に見て、「なぜそのような言動を行うのか」を的確にアセスメントし、それに見合った対処法を見つけることである。本事例では、保護者の被害感の強さが明らかとなり、被害感を鎮めるかかわりを提供した。

また、保護者の理不尽な態度に怒りや無力感を覚えることもあるかもしれないが、そのような感情を持ちながら保護者とかかわると、知らず知らずのうちに「目には目を歯には歯を」という原理が働き、関係がこじれてしまう。あくまで、的確なアセスメントとそれに基づいた冷静な対応が重要と言える。

（2）教師の協働

本事例の転換点の一つとして、全職員にこの事例のサポートを求めたことが挙げられる。このような事例を一部の教師が抱え込まないことはたいへん重要であり（『イチャモンどんとこい！』）、本事例では、保護者との関係がいっそう悪化して保護者が来校して苦情を言うようになった段階で、全職員にサポートを求め、その結果、有効な手立てがいくつか提案された。そして全職員が保護者とかかわることによって、初めて保護者と信頼関係を築くことのできる教師が現れた。教師が協働して支援することで、一部の教師の負担が軽減されたばかりでなく、より有効なアイデアが提案されたり新たな展開が生まれたり、教師どうしが協働することの有効性があらためて確認されたと言える。

（3）「児童生徒への支援」を中心に据える

保護者の抱える問題が大きい場合でも、保護者の個人的な悩みを聴きすぎることは、教師にとって負担が大きいと思われる。また保護者にとっても、何をどこまで話すのか戸惑うこともあると思われ、あくまで子どもの

話を中心に据えることが適していると思われる。本事例でも保護者の悩みを聴きすぎず、常に子どもの話を中心に据えるよう配慮した。これは、決して保護者をないがしろにしているのではなく、教師と保護者という役割関係を維持して適度な距離感を保つことによって、あくまで子どもに有効な支援を行うことを意図していると言える。

おわりに

本章では、保護者との連携や保護者への支援のあり方について、事例を用いて重要な点をまとめた。日々保護者とかかわる教育現場の方々やこれから教師になる方に、少しでも資するところがあれば幸いである。

【文献一覧】

小野田正利編著『イチャモンどんとこい！：保護者といい関係をつくるためのワークショップ』学事出版、2009年

小野田正利「モンスターペアレント論を超えて：保護者の思いと背景を読み取る」『日本小児看護学会誌20(3)』日本小児看護学会、2011年、pp.97-102

加藤純一『親面接のポイント』ほんの森出版、1997年

神谷美紀子「『すぐにキレてしまう子』と言われた小3男児とともに：担任が行う教育相談活動」生島博之・長坂正文編著『学級崩壊事例から学ぶ教育相談：特別支援教育の先駆的実践』愛知教育大学出版会、2006年、pp.57-70

河村茂雄 編著『教師のための失敗しない保護者対応の鉄則』学陽書房、2007年

久冨善之編著『教師の専門性とアイデンティティ：教育改革時代の国際比較調査と国際シンポジウムから』勁草書房、2008年

滝川一廣・小林隆児・杉山登志郎・青木省三編「そだちの科学18号：発達障害の早期発見・早期療育」日本評論社、2012年

第13章 グループ体験の基礎知識

上野和久

はじめに

　学校現場において、児童生徒はさまざまなグループ体験をしている。幅広く考えれば、日常の学習生活や遠足、体育祭、文化祭、修学旅行など、学校生活そのものがグループ体験である。

　この学校生活において、教育相談は、一人ひとりの児童生徒の教育上の問題について、本人、保護者に、その望ましいあり方を助言するという、個と個の関係と思われがちである。しかし、1対1の教育相談活動に限定することなく、児童生徒集団相互の関係性の中での構造化されたグループ体験をすることで、教育相談活動の新しいステージをつくり出すことができる。

　『生徒指導提要』第5章第3節「教育相談の進め方」で、「教育相談の新たな展開」としてグループ体験を活用した新たな教育相談の取り組みが記述されている。そこで紹介されているグループ体験とは、グループエンカウンター、ピア・サポート活動、ソーシャルスキルトレーニング、アサーショントレーニング、アンガーマネジメント、ストレスマネージメント教育、ライフスキルトレーニング、キャリアカウンセリングである。

　本章では、グループ体験に取り組む場合の教育的な意義、その体験過程における特徴、効果、その実施方法や学級などの集団内での実践的活用を紹介する。

第1節　グループ体験の教育的意義

1　体験活動とカウンセリング

　体験活動とは、文字どおり、自分の身体（五感）を通して実際に経験する活動のことであり、子どもたちがいわば身体全体で対象に働きかけ、かかわっていく活動である。

　このようなグループ体験活動の一つに「ラボラトリー方式のグループ体

験学習」がある。これは、「特別に設計（構成的な体験）された人と人がかかわる場において、参加者自身の行動の関係性を素材にしながら、そこでの体験を通して人間関係を学ぶ方法」である。これは、健康な子どもたちの自己実現を目指すための「予防的カウンセリング」（preventive counseling：問題が生じないように予防するカウンセリング）と「開発的カウンセリング」（developmental counseling：発達課題を人間成長の役に立たせる教育的色彩の強い援助法）の機能を持つと考えられる。

2　グループでの体験活動

中学校・高等学校へ入学したときや、新しい学年になったときなどに、予防的・開発的なグループアプローチを行うことができたら、相互に支え合える円滑な人間関係を生み出し、健康な心の成長にも役立つと考えられる。

このようなグループ体験活動は、子どもの発達、自我の成長、対人関係のスキルを促進するために、個人レベル（intrapersonal：個人内の、精神内界の）の体験と集団レベル（interpersonal：個人間の、対人間の）の体験という二つの体験が連動することで、主体的な学びの深さと広さを与えてくれる。

3　個人内レベルとしてのグループ体験

体験は身体、特に五感を通して、刺激を受けて実感となる体験過程である。個人レベルの体験過程を深めるには、個人内の行動（身体的領域）、感情（情動的領域）、思考（知的領域）の三つの視点を持つことが大切である。この三つの視点を分化してとらえるとともに、関連して認識でき、体験者自身が、自らの体験を行動のパターンとして語る（表現する）ことができれば、自己理解の深さと成長につながることになる。

これは、ブラウン（Brown, George Isaac　1923-2011）が提唱した合流教育にもつながる。その著書『よみがえった授業』において「合流教育とは、思考（認知的領域）と感情（情意的領域）とが互いに利するように結合することである。…中略…情意的活動と知的な活動を調和的に働かすように努

めている」と述べている。

4　集団レベルとしてのグループ体験

　自己の内界において、「自分とは何か？」ということに近づきながら、外界（他者とのつながり）とのかかわりの中でグループ体験するプロセスに意味がある。

　小集団活動と人格変容を研究したスミス（Smish, Peter B. S.　1937-）は「グループそのものを活用資源（リソース）として、トレーナー（ファシリテーター、セラピスト、ソーシャルワーカーなどを含む）がグループに働きかけ、グループ過程を通しグループの力動（ダイナミクス）、相互作用を利用して、メンバーの人間的成長を図り、彼らの思考、態度、行動、感情に変化を起こさせると共に、社会適応を図る教育的、または治療的な過程」と述べている。

　集団レベルの体験から個人の体験レベルにつなぎ、個人と集団の成長を促すためには、ファシリテーターとしての教員の働きかけが重要になる。

第2節　グループ体験の実施方法
〜一つの体験プログラムから〜

1　実際のグループ体験の流れ

　具体的なグループ体験プログラム例として「改訂・後出しジャンケンゲーム」を提示し、そのプロセスをたどりながら実施方法の詳細を説明する。
　このプログラムの対象年齢は、小学校中学年から成人、時間配分は45〜50分である。

（1）体験プログラムの流れ
　①（小講義）「みなさんは、『自分の思い（意志）どおりに身体を動かせる』と思い込んでいませんか？　ストレスがかかると自分の思い通りに身体は動かせない場合があります。今日のグループ体験の目的は、そのような状況のとき（ストレスがかかっているとき）に、リラックス

することでストレス軽減する方法を学習します」
② (準備物)「準備するものは筆記用具とふりかえり用紙だけです」
③ (グループ編成)「2人一組になってください。そして、AさんとBさんを決めてください」
④ (体験の流れ)「今から『後出し、勝ちジャンケン』をします (図1参照)。私 (先生) が『ジャンケン・ぽん・ぽん』と言います。一つ目の『ぽん』でAさんが出します。二つ目の『ぽん』でBさんが出します。『Bさんにお伝えします。先にAさんが出すのだから、それを見ているので負けるはずがないですね』(必ず勝つ事を意識づける)。このジャンケンを5回します。何回間違えたか、Aさんにカウントしてもらいます。なお、私 (先生) が『ジャンケン・ぽん・ぽん』というリズムに合わせられなかった場合も間違えたカウントに入れてください」(勝ちジャンケンの実施)
⑤「次に、BさんとAさんの役割を交替し、同じく5回ジャンケンします。そして、先ほどと同じようにうまくできたかカウントしてください」

【教師へのコメント】
※後で出す人に、自分の身体に注意を向けさせる。手首・足や腕が緊張していないか気づきを誘う。「勝つという思い」と「相手のジャンケンを見て勝とうとして出すジャンケン (身体の動き)」は一致するのが「当たり前」と言われれば、身体は硬直するような反応を起こす。それがストレスであることに気づかせ、そのときの身体と気持ちも感じさせる。
※何回間違ったかを確認することは、評価である。評価されるときの身体と気

図1●後出し勝ちジャンケン

絵：小坂まりこ

持ちはどうか。そのときの気持ちを言葉に出してみる。言葉に出す前と、出した後の気持ちの違いを確認させる。

⑥「次に『後出し、負けジャンケン』をします（**図2参照**）。一つ目の『ぽん』でＡさんが先に出し、二つ目の『ぽん』でＢさんは必ず負けるというルールに変更して、5回実施します。Ｂさんは『先にＡさんが出すのだから、それを見ているので必ず負けることができますね』（必ず負ける事を意識づける）。後出し勝ちジャンケンと同じように、何回間違えずに、Ｂさんが負けることができたかをＡさんはカウントしてください。『ジャンケン・ぽん・ぽん』というリズムに合わなかった人も間違えたカウントに入れてください」（負けジャンケンの実施）

【教師へのコメント】
　ストレスが高くなると、身体の緊張と気持ちの変化が起こることに焦点を当てること。思ったとおり身体が動かない経験があればそれを大切にする。そのときの行動「話し声」「笑い声」にも気づくことが必要。ストレスが高くなると言葉が出てくる。「思いどおりにジャンケンができなかった」と言い訳や弁解を話し出す。このような「行為・行動」が大切な意味を持つ。それは「話すことでストレスが下がる」ということである。

⑦「ＢさんとＡさんの役割を交替し、同じく後出し負けジャンケンを5回します。そして、うまく何回できたかを再度確認してください。」

図2 ●後出し負けジャンケン

絵：小坂まりこ

【時間があれば応用編で体験する】
　「今度は、合図の「ぽん」を4回言い

ます。一つ目の「ぽん」でＡさんが自由にジャンケンを出します。それを見て二つ目の「ぽん」でＢさんは必ず「負けて」ください。三つ目の「ぽん」でＡさんは再度、自由にジャンケンを出してください。四つ目の「ぽん」でＢさんはＡさんの三つ目の「ぽん」で出したジャンケンを見て必ず「勝って」ください。このようなルールで今から1度だけやってみましょう。これは、「後出し連続ジャンケン」です。次に、役割を交替します。

（２）ふりかえり作業
① （体験のふりかえり）「今の体験をして、気持ち、思ったこと、身体の状態で気づいたことをペアの人と話し合ってください」
② （全員で体験のふりかえり）「自分たちのペアまたは、自分自身で気づいたこと、体験したことを全体の場で伝えてみませんか」

（３）ふりかえり用紙の記入
「自分自身が体験をして気づいたこと、ペアでのふりかえり、全体でのふりかえりで気づいたことを『ふりかえり用紙』に記入してください。

【教師へのコメント】
　　グループ・全体のふりかえりでの気づきを文字で表現することは、気づきをより定着化させる作業になる。

（４）まとめと小講義
　教師は、児童生徒からのフィードバックされた言葉（key word）を小講義の中に「編み込み」ながらまとめの講義をすると、児童生徒の気づきが広がり、深まり、定着化する。
　たとえば、「自分の思っていたとおり身体は動きましたか。うまく動かなかったとき、気持ちはどんな状態でしたか？　どのようなことを考えましたか？　身体はどんな状態でしたか？　少し思い出して下さい。…後出し勝ちジャンケン、負けジャンケンをうまくやれることを目的とはしていません。うまく思いどおりに身体が動かないということを体験し、その過

程（プロセス）に何を気づくかが大切です。
　『ジャンケンでうまくいかなかったら、言い訳がいっぱいだった』という感想がありましたね。言い訳をいっぱい言うことで身体の緊張がとれるかもしれませんね。この身体の緊張がストレスというものです。話すことで身体の緊張が緩み、ストレスが少なくなることが考えられます。自分の気持ちを話すことは大切ですね」などの講義をする。

（5）グループ体験はプロセスに目を向けること
　上記グループ体験プログラムは、勝ちジャンケンができること、負けジャンケンができることが本来の目的ではなく、その目的を実現するまでの自分の思い（思考）・気持ち（情動）・行動（身体の状態も含む）の変化に気づき、言語化することが本来の目的である。グループ体験はこのような変化するプロセスの中で、個人レベルの体験（intrapersonal）と集団レベル（interpersonal）の体験を双方向につなげ、円滑な人間関係と、健康な心の成長につなげる機能がある。

2　グループ体験の基礎的な考え

（1）プロセスに目を向ける
　グループ体験プログラムの一つである「改訂・後出しジャンケンゲーム」は、勝ちジャンケンができること、負けジャンケンができることが本来の目的ではなく、その目的を実現するまでの自分の思い（思考）・気持ち（情動）・行動（身体の状態も含む）の変化に気づき、言語化することが本来の目的である。グループ体験はこのような変化するプロセスの中で、個人レベル(intrapersonal)の体験と集団レベル（interpersonal)の体験を双方向につなげ、円滑な人間関係と、健康な心の成長につなげる機能がある。

（2）プロセスの三つの段階
　ラボラトリー方式のグループ体験では、「体験する→（気づく）→何が起こったか→（考える）→なぜ起こったか→（課題を見つける）→次にどうするか→（試みる）→新たに体験する」という循環過程において体験の中で起こっているプロセスが重要になる。

①第1段階「内省・観察」

体験から自分自身はどのように行動したか、その時どんなことを考えていたか、どんな気持ちを感じていたかなどを振り返ることが大切である。これが「気づき」である。このプロセスでの気づきのデータを集めて、一連の気づきから自分の特徴が見えてくる。今、何が起こっていたかを「内省・観察」することで自分や他者、グループに関するデータがたくさん集められる。

前述の「後出し負けジャンケンゲーム」で言えば、「見たら分かるはずだが、負けるジャンケンが出せない」「心臓がどきどきして、身体が固くなっている」「頭で考えられなくなる」「ジャンケンの後、うまく負けられないために言い訳を言ってしまう」「笑い声が聞こえる」などの気づきが「内省・観察」である。

②第2段階「分析」

内省・観察されたデータから「なぜ、そのような行動したか」「あの時なぜ、私はそのような気持ちになったのか」等、自分のとった行動を分析することが大切になる。さらにそれらの分析から、「私はどのような傾向があるのか」「どのような特徴があるのか」等と一般化してとらえたり、概念化したり、理想の姿を「思考」することも大切である。これらを「分析」と言う。

これを後出しジャンケンでの体験での「内省・観察」データから「分析」すると、「負けジャンケンにルールが変わっても後で出すのだから、落ち着いて相手の手の動きを見たら、負けられると頭で分かっていても、身体は考えているとおりに出せない」「できると思っていても、ストレスで身体が緊張していて、うまく動かない」「後出し負けジャンケンのとき、大きな声でうまく負けられないことを話していた。これは、緊張をとるためにしゃべっているように思う」という「分析」が出てくる。

③第3段階「仮説化」

分析をした後、自分の成長の「課題」として、次に「類似した機会」があるならどのように動いてみるか自分の成長のための課題や行動目標を立

ててみることが重要になる。それを「仮説化」と言う。

　たとえば、「吹奏楽の大会前に緊張するとき、その気持ちを友人に伝えて緊張を解いてみた」「いつものクラス仲間の雰囲気がよくない。みんな緊張して話がぎこちない。でも勇気を出してこの気持ちを言ってみようかな」というような行動目標を立ててみることが仮説化である。

　このように体験学習の基本的な考えは、グループ体験をした後に、自分の気づきを内省したい、相手の気づきを聞いたりして、なぜそのことが起こったのか、そのことをグループ体験内で分析し、グループや個人が成長させるための課題を考え、新しい課題を実践しながら成長していく循環過程だということである。

3　他のグループ体験のプログラム

　次に5、6人でのグループ体験プログラムの一つ「グループ体験・協力ゲーム」を紹介する（図3参照）。

　(目的) リーダーシップ、フォロアーシップ、意思決定、聴くこと、伝えること、協力すること、などを体験することを目的とする。

　(準備物) 子ども用ブロックセット（30～50個程度のいく種類かの形・色が異なるブロックチップを組み合わせたブロックセットをグループ数を用意する）を各グループに配る。指示書、ふりかえり用紙、観察シートを配る。

① (グループ編成) 5、6人グループを作ってください。（最大7グループ）
　リーダー1名、観察者1名をグループメンバーから選んでください。
　※リーダーはグループを運営してください。
　※観察者はスタッフから観察シートを受け取り、グループ内の会話、集団の動きを記述してください。後ほど、記録をメンバーに伝え、集団の関係性と変化についてグループメンバーで検討してください。
② (体験の流れ) グループへの課題は、「チームには、1セット（30～50個程度）のブロックが与えられます。チームはそのブロックを用いて、定められたルールに従い、別の場所に置かれている『スタッフが作ったブロックモデル（20個程度で作る）』と同じものを作ります。そのモ

図3●ブロックモデル

絵：小坂まりこ

　　デルを見に行けるのは、各グループから1名です。時間は6分です。制限時間内ならグループメンバー全員が交替で見に行っても結構です」。
③　この6分間に、ブロックを見に行けない他のグループメンバーは、各グループに配られているブロックを机の上に出し、触れないで、どのようにすれば効率的にブロックを作れるか、話し合って下さい。
④　6分間に、モデルのブロックを見に行く人は、ブロックに触れたり、図を描いたり、メモをとったりしてはいけません。
⑤　その後、24分間でグループメンバー同士が話し合いし、モデルブロックと同じブロックを各自の記憶から出し、リーダーが中心となり作ってください。作成中はモデルブロックを見ることはできません。
⑥　作成開始の合図から12分経つと連絡します。
⑦　課題が達成できたと思われる時点で、ファシリテーターにその旨を伝え、審査してもらってください。
⑧　ファシリテーターが正解と認めた時点で、あなたのグループは課題を達成したことになります。
⑨　グループで振り返る。
⑩　振り返り用紙に記入。

第13章●グループ体験の基礎知識

第3節 「ガイダンスカリキュラム」
～グループ体験のこれから～

1 ガイダンスカリキュラムとは

　ガイダンスカリキュラムとは、ここまで紹介したようなグループ体験のプログラムに明確な教育目標を持たせ、構造化した系統的・計画的なカリキュラムに構成したものである。また、これは全ての子どもを対象としたインストラクショナル（教授）プログラムであり、アメリカのテキサス州では、スクールカウンセラーの提供サービスの一つとなっている。

　八並光俊はガイダンスカリキュラムの特色を次の4点にまとめている（『新生徒指導ガイド』）。

　① 授業や集団活動を通して、個を育成する教育プログラムである
　② 明確な教育目標を持った系統的・計画的なカリキュラムである
　③ 発達段階に応じて段階的、継続的に知識やスキルの習得を目指す
　④ ガイダンスカリキュラムの教育効果は、査定可能である

　このカリキュラムは、「教育相談の新たな展開」であり、大きく生徒指導、それとかかわる道徳教育、キャリア教育、学習指導、学級経営を含むものと考えることができる。

2 ガイダンスカリキュラムの実践

　学校現場でのガイダンスカリキュラムの実践については、横浜市教育委員会の「子どもの社会的スキル横浜プログラム」（2007年）、千葉県の「豊かな人間関係づくり実践プログラム」（2007年）、さいたま市教育委員会の「さいたま市HRTプログラム」（2005年）などがある。

　ここでは高校生に対して人間関係能力の育成を教科教育（商業教育）と関係させながら「総合的な学習の時間」において、系統的・計画的に実施した県立和歌山商業高等学校（2年生）の「総合的な学習・職場体験学習プログラム」（2005～2008年）の年間テーマを紹介する（**表**参照）。

表●専門教育における人間関係育成プログラム

1学期	2学期	3学期
体験学習理論の理解と簡単な体験学習	「自己インベントリー」（自分自身との対話体験）	守秘義務についてグループディスカッション（社会制）
「ジャンケンゲーム」（ストレスマネージメント教育）	「認知のズレ」（自己理解と他者理解のズレの体験）	挨拶や言葉遣いのロールプレイ訓練（人間関係訓練）
「挨拶について」（非言語的コミュニケーション訓練）	「一方向と双方向のコミュニケーション体験」（体験）	報告・連絡・相談のロールプレイ訓練（人間関係訓練）
「小石の人生」（イメージの言語化体験）	「トラストウォーク」信頼ということの体験	想像と事実の表現体験（自己認知・現実認知）
「SPトランプで自分の個性と適性を見よう」（気づき）	「創造力を開発するためのKJ法」（言語と協力）	体験学習「I — messageの効果」（効果的な言語表現体験）
「コミュニケーションの基礎30秒スピーチ」アサーショントレーニング）	KJ法を使って学校と職場との違いを確認する。（共同作業とコミュニケーション）	「みんなで考えよう。困った客への対応」ロールプレイ（創造性と対応能力）
「自分の夢や将来の職場を伝えよう」（アサーショントレーニング）	「メラビアンの法則」と職場体験の身だしなみチェック（五感と社会性）	まとめ

「職場体験学習教本」を基に筆者作成

3　教育効果について

「ガイダンスカリキュラム」の教育効果について、八並光俊は次の3点を指摘している（『新生徒指導ガイド』）。

① 学級を安全な場所として保証することによって、規範意識の高い集団の雰囲気、受容的で自由な雰囲気をつくり出すことが可能である。

② 児童生徒の人間関係形成能力の育成による集団凝集性の高まりが期待できる。

③ 多種多様なグループワークを通して児童生徒は自己理解や他者理解、あるいは自己受容や他者受容が促進される。同時に教師の児童生徒理解が深化する。

このガイダンスカリキュラムのエビデンスについては、NPO法人日本教育カウンセラー協会が埼玉県で行った2012（平成24）年「学校の課題解決に生かすガイダンスカリキュラムの実施」の報告がある。

おわりに

学校におけるさまざまなグループ体験は、単発的な実践または合宿形式

での一時的な実践である。その方法は、体験学習型（ラボラトリートレーニング）のように構成的なグループ体験が学習活動に組み込まれることが多い。

そして、今日の学校現場の状況から生まれてきたのが、ガイダンスカリキュラムである。これは「新たな教育相談の展開」として授業の中に位置づけ、明確な目的性、系統性、計画性を持って実践することにより、教育相談の新たなアプローチとして位置づけられる。

そこには、問題行動や症状を抱える児童生徒への対処モデルとしての教育相談から、学校における日常生活を過ごす一人ひとりの児童生徒と学級集団等の成長モデルをも含む教育相談に変わろうとしている。この教育効果の実現のためには、教師がグループ体験の過程を児童生徒とともに体験し、その気づきを謙虚に受け止める姿勢が必要である。この姿勢は、教師の教育相談の資質を培うための大切な体験過程でもある。

【文献一覧】

上野和久『学校現場で生かすカウンセリング：教師カウンセラーの目から』朱鷺書房、2002年

國分康孝編『構成的グループ・エンカウンター 続』誠信書房、2000年

スミス, P.B.編（岡村二郎編訳）『小集団活動と人格変容』北大路書房、1984年

日本学校GWT研究会編『改訂 学校グループワーク・トレーニング』遊戯社、2011年

八並光俊・國分康孝編『新生徒指導ガイド：開発・予防・解決的な教育モデルによる発達援助』図書文化社、2008年

文部科学省『生徒指導提要』教育図書、2011年

和歌山商業高等学校編「職場体験学習教本 on the Job Training Workbook」和歌山県立和歌山商業高等学校、2005年

ブラウン, G.I.編（入谷唯一郎・河津雄介訳）『よみがえった授業：知識と感情を統合する合流教育』学事出版、1980年

終章

教育相談を教育活動に生かす

羽田紘一

はじめに

本書は教育相談についての基本的な考え方を知ってもらうことをねらいとして各章で解説した。

教師として教育相談の知識を持つことは、日々成長する児童生徒に接する者としての基本であると考える。

この章では、これまでの章で触れることの少なかった点を補いながら、教育相談の活用に当たって大事なことをまとめておきたい。

第1節 児童生徒を取り巻く関係者・関係機関との連携

児童生徒の成長に伴って生ずる解決すべき問題は多岐にわたる。学校内の教職員の連携・協力が必要なことは、あらためて強調する必要もないことであるが、案外盲点になるところでもある。

一方、学校教育だけでは解決しきれないこともたくさんあることは周知のとおりであり、専門の機関との連携が必要になることも多い。

児童生徒の心身の成長にかかわりのある関係者・関係機関は多様であるが、学校内外で連携する機関、関係者を挙げると**表1**のようになる。

連携をとるに当たっての留意点について述べておく。

1 学校内の連携

表1にあるように、学校内で子どもとかかわりを持つ"大人"は教員だけではない。複数の職種の大人が互いを尊重しつつ協力することが、児童生徒の指導には必要である。職種・年齢・経験の違いを踏まえて、それぞれが児童生徒に対する考え方を持っており、工夫や努力を重ねている。そのことに対する敬意を持って接することが重要である。自分にとって経験のあることであっても、他者には初めての経験のこともある。

表1 ● 学校内外で連携する関係者・機関

	人・機関	役　　割
校内連携	校長	学校の責任者、管理職
	副校長（教頭）	校長補佐、管理職
	学年主任	学年のリーダー
	生活指導主任	生活指導全般のまとめ役
	教育相談担当者	教育相談活動の統括
	特別支援教育コーディネーター	特別支援教育に関する個別の問題の解決
	養護教諭	子ども・教師の心身の健康管理
	スクールカウンセラー	心理的な問題の相談者
	担任・専科教員・顧問	子どもの実態をよく知る人
	事務職員・主事	教育活動を支える人
家庭等	保護者	父母・祖父母
	近隣の小・中学校	連携
	PTA	保護者と教師の会
	学校医	健康管理
地域との連携	青少年委員	東京都の制度、青少年の健全育成支援
	児童委員・主任児童委員	地域の青少年の健全育成支援、子育て支援
	保護司	更生支援、国家公務員（非常勤）
	町会長	町のまとめ役
	ボランティア団体	自主的応援者
	教育相談所	子どもの心理適応の相談等
	児童相談所	児童福祉の専門機関、児童福祉法に基づく機関
	警察	犯罪の防止、処理
	家庭裁判所	少年犯罪の審判
	保健所	地域の健康管理、啓発
	教育委員会	地域の学校を統括
	福祉事務所	福祉に関する専門機関

出典：「塩澤雄一講義資料」2010年を基に一部改変

2　保護者との連携

　保護者との連携なくして学校教育は成立しない。保護者は、学校がわが子にとって役に立っているとの実感を持たない限り協力してくれない。往々にして、学校側は「学校の言うことは善である」との発想になりやすいので、注意しなければならない。

　保護者は子育てのために努力している。教師はその努力の経緯を保護者から学びつつ指導に当たる心構えが必要である。保護者の子育ての努力を否定するような言動をしないように注意する必要がある。

3　関係機関との連携

　子どもの指導上の問題によっては、学校・保護者の努力にもかかわらず、良い結果の出ないことがある。そのような場合には、保護者の了解のうえで関係機関と連携をとって指導する必要が生じることがある。その際には次のことを考慮しなければならない。

①関係機関に何を求めるかを明確にしておくこと。
②連携の決定は、教師個人の判断で行うことは避けなければならない。
　学校内で事例研究会などを行って検討のうえで決定する。
③管理職が関係機関への依頼を行うことが必須である。
④第1章にも述べられているが、学校として関係機関についての資料収集に努める必要がある。

第2節　教育相談の考え方を学習指導・生徒指導に生かす

1　学校における教育3機能の関係

(1) 学習指導の機能

　主として、文化遺産によって構成された"教科"の学習をとおして、能

力・態度の完成を図る機能である。「読解力」「計算力」というような「〜力」としての能力を身につけ、高めることに重みがかけられる。

（2）生徒指導の機能

一人ひとりの児童生徒が自らの生き方を確立し、将来において自己実現が図れるように援助していく機能である。社会性、道徳性、共感性のように「〜性」を養い育てることに重みがかけられる。

（3）教育相談の機能

児童生徒が自らの問題に取り組み、その解決を図ることを援助する機能である。教育相談の機能は、教師としての基礎的な教養が必要とされるものであり、「学習指導の機能」「生徒指導の機能」を支える基盤になるものである。

2 学習指導に教育相談を生かす

学校における学習指導は、児童生徒の学校生活時間の65〜75%を占める。この時間の有効活用は重要な課題である。

児童生徒がやる気を起こす授業をするには、教師が児童生徒の感情をどのように理解するかに鍵がある。児童生徒の感情理解、受容、共感、必要としている援助の実施に教育相談の考え方が生かせる。

授業は、「教師が児童生徒理解を深める」「児童生徒が教師理解を深める」「児童生徒が相互理解を深める」ものでなければならない。このことの実現に教育相談が培った人間理解、援助の知識・技能を活用することができる。

3 生徒指導に教育相談を生かす

学校における生徒指導は、児童生徒一人ひとりの人格の発達を援助し、児童生徒の自己実現を援助する過程である。

生徒指導には二つの側面がある。一つは「児童生徒の人格あるいは精神的健康を望ましい方向に進める」ことであり、もう一つは「適応上の問題を持つ児童生徒の指導」である。

表2●教育相談機能の教育活動への展開

教育相談の機能	対　象	教育活動への展開
予防・開発的教育相談	全ての児童生徒	①児童生徒理解、子ども・保護者のかかわり、人間関係の改善 ②学習活動、生徒指導、進路指導 ③学校教育相談の組織と運営、相談担当者の活動、校内研修会、事例研究会
治療的教育相談	教育上特に配慮を要する児童生徒	①教育上特に配慮を要する児童生徒の理解と指導 ②専門機関との連携による指導

（筆者作成）

　教育相談が持っている機能は、児童生徒援助のあり方の基本であり、生徒指導の中核をなすものと考えてよい。『生徒指導提要』（文部科学省）においても、教育相談の機能を生徒指導の中核をなすものとして解説している。

　生徒指導は学習指導とともに、児童生徒の"人格の陶冶"を目指す。その指導に当たっては、教師の児童生徒に対する洞察力が必要である。その基本の力として、教師は教育相談の考え方を理解し、教育活動に取り入れる努力が求められる（**表2**）。

4　教育相談を生かした日常生活での教師の姿

(1)　児童生徒の話をきちんと聴き、気持ちを受け止める。
(2)　教師も自分を正直に表現するよう努力し、児童生徒との触れ合いを大事にする。
(3)　教職員全体が共通して実践する内容を確認し合い、実行する。
(4)　学校生活における基本的な原則を規則として定める。児童生徒には、「規則の下での自由」を保証し、細部は児童生徒と教師各人の裁量の範囲として行動する。
(5)　生活には「時と場と人の制限」があるという「制限の原則」を指導する。一般社会における「マナー」の指導である。
(6)　人間生活には、許されない行為がある。「禁止の原則」として身に

つけさせる指導をする。
　　①本人および周囲の人の人権、尊厳を損なう行為をしてはならない。
　　②本人および周囲の人の生命、身体を損なう行為をしてはならない。
　　③器物の破壊につながる行為をしてはならない。
　　④社会通念として許されない行為をしてはならない。
(7)　カウンセリング・マインドを持った教師として振る舞う。カウンセリング・マインドを持った教師は、
　　①優しさをもって接する。
　　②思いやりをもって接する。
　　③困難な局面に出会っても、くじけたりうろたえたりしない強さを持って振る舞える。
(8)　規則違反や問題行動をした児童生徒に対しては、その行為をした気持ちには共感し、受容しても、行為としては許さない姿勢を持つ。

第3節　保護者からの相談に応じる心構え

1　保護者の相談に応ずることの意味

「保護者の相談に応ずる」ということは、単に保護者に子育てのハウツーを教えたり、諭したり説得することではない。「保護者の相談に応ずる」ということには次のような意味がある。

(1)　児童生徒の成長発達に伴って生ずるいろいろな問題について、保護者が自分で語りながら自分を見つめ、考える機会を作ることである。そのときの教師の役割は、保護者に寄り添いつついっしょに考えることである。そのことを通して、保護者自身が問題を乗り越えていけるように援助することである。

(2)　教師と保護者が出会って対話しながら、共に納得できる児童生徒への接し方を見つけ出し、共に努力する仲間となるように努めること

ある。
(3)　教師自身は、保護者とともに考え、保護者に助言・援助を試みる体験をすることで、教師としてより成長することができる。

2　保護者との相談に当たるときの姿勢・態度

(1)　保護者の話に共感しながら、思いやりを持って聴くように努める。
(2)　相手を尊重する気持ちを常に忘れないようにする。
(3)　保護者の話を先入観を持たずに理解するように努める。
(4)　保護者の苦労や努力を認めることが大切である。望ましくないことをしていると思っても即座に否定してはならない。
(5)　保護者が話す言葉を教師が繰り返して話すことは、保護者に「この人は確かに話を聴いてくれている」という安心感を持ってもらえることになる。
(6)　保護者の話が混乱しているときには、相手の了解を得てから聴き取ったことを整理して話してみる。
(7)　言葉に表れない感情をくみ取るように気をつける。淡々と話しているようでいて、つらさをこらえていることがある。
(8)　教師が陥りやすいことがあるので気をつける必要がある。
　　①教師の先入観で話を進めがちになる。
　　②一問一答の質問攻めや、「ハイ」「イイエ」だけで済むような質問の繰り返しになることがある。
　　③保護者からの質問に答えようとしてしゃべりすぎることがある。質問に答えることより、質問したくなった気持ちを尋ねるほうがよい。
　　④説得や励ましの言葉を掛けがちだが、まず、いたわりの言葉を掛けるように努める必要がある。
(9)　保護者との相談を1回勝負と考えると無理をしがちになる。1回が長時間になるよりも回数を重ねるようにすることが大切である。

おわりに

　教育相談に関する知識は、教員としての経験に応じて理解が深まるものである。同じような内容の話を聴いたり参考書を読んでも、その内容に納得する度合いが異なる。

　本書では、新任の教師としてこれだけのことは知っていてほしいということを解説している。これから出会う児童生徒の状況によっては、これだけの知識では不足になることは明らかである。機会を得てさらに研鑽を深めてもらいたい。特に面接や援助の技法に関しては、書物だけでは学び得ないところが多々ある。ワークショップや実技研修会に参加して、実際の力をつけてほしい。

　今後の学習の参考にできる文献を挙げておくので、自己研鑽に努めてほしい。

【文献一覧】

　アクスライン,V. M.（岡本浜江訳）『開かれた小さな扉：ある自閉児をめぐる愛の記録』日本リーダーズダイジェスト社、1972年

　上地安昭『学校教師のカウンセリング基本訓練：先生と生徒のコミュニケーション入門演習+実習訓練付き』北大路書房、1990年

　國分康孝編『構成的グループ・エンカウンター』誠信書房、1992年

　國分康孝監、石隈利紀ほか編『スクールカウンセリング事典』東京書籍、1997年

　ドライデン,W.・ミットン,J.（酒井汀訳）『カウンセリング／心理療法の4つの源流と比較』北大路書房、2005年

　真仁田昭編著『学校カウンセリング：その方法と実践』金子書房、1990年

　山中康裕『少年期の心：精神療法を通してみた影』中央公論社、1987年

　吉本武史編著『教師だからできる5分間カウンセリング：児童生徒・保護者への心理的ケアの理論と実践集』学陽書房、2000年

【監修者紹介】

田中智志（たなか・さとし）
　　1958年生まれ
　　1990年　早稲田大学大学院文学研究科博士後期課程満期退学
　　現在：東京大学大学院教育学研究科教授、博士（教育学）
　　専攻：教育学（教育思想史、教育臨床学）
　　主要著書：『キーワード 現代の教育学』（共編著）東京大学出版会
　　　　　　　『社会性概念の構築―アメリカ進歩主義教育の概念史』東信堂
　　　　　　　『学びを支える活動へ―存在論の深みから』（編著）東信堂
　　　　　　　『プロジェクト活動―知と生を結ぶ学び』（共著）東京大学出版会
　　　　　　　『教育臨床学―〈生きる〉を学ぶ』高陵社書店

橋本美保（はしもと・みほ）
　　1963年生まれ
　　1990年　広島大学大学院教育学研究科博士課程後期中途退学
　　現在：東京学芸大学教育学部教授、博士（教育学）
　　専攻：教育学（教育史、カリキュラム）
　　主要著書：『明治初期におけるアメリカ教育情報受容の研究』風間書房
　　　　　　　『教育から見る日本の社会と歴史』（共著）八千代出版
　　　　　　　『プロジェクト活動―知と生を結ぶ学び』（共著）東京大学出版会
　　　　　　　『新しい時代の教育方法』（共著）有斐閣

【編著者紹介】

羽田紘一（はだ・こういち）
　　1939年生まれ
　　1962年　東京学芸大学甲類国語科卒業
　　現在：有明教育芸術短期大学子ども教育学科教授
　　専攻：教育相談、特別支援教育（聴覚言語障害児教育）、生徒指導
　　主要著書：『学校カウンセリング－その方法と実践』（共著）金子書房
　　　　　　　『学校カウンセリング』（共著）日本評論社

【執筆者紹介】

羽田紘一（はだ・こういち）〔序章・第5章、終章〕
　　【編著者紹介】参照

川原誠司（かわはら・せいし）〔第1章〕
　　1969年生まれ
　　1998年　東京大学大学院教育学研究科博士課程満期退学
　　現在：宇都宮大学教育学部准教授
　　専攻：教育心理学（発達臨床心理学）

永井知子（ながい・ともこ）〔第2章・第10章〕
　　1983年生まれ
　　2011年　関西大学大学院文学研究科博士後期課程単位取得退学
　　現在：四国大学短期大学部幼児教育保育科助教
　　専攻：臨床発達心理学

堀井俊章（ほりい・としあき）〔第3章〕
　　1969年生まれ
　　1998年　上智大学大学院文学研究科心理学専攻博士後期課程修了
　　現在：横浜国立大学教育人間科学部教授、博士（心理学）
　　専門：心理学（教育臨床心理学、学生相談）

友納艶花（とものう・えんか）〔第4章〕
　　1972年生まれ
　　2008年　九州大学大学院人間環境学府博士後期課程単位取得満期退学
　　現在：九州女子大学人間科学部准教授、博士（心理学）
　　専攻：臨床心理学（心理臨床学、教育臨床学）

今泉岳雄（いまいずみ・たけお）〔第6章〕
　　1948年生まれ
　　1970年　早稲田大学第一文学部心理学科卒業
　　現在：東北文教大学人間科学部子ども教育学科教授
　　専攻：臨床心理学

稲垣応顕（いながき・まさあき）〔第7章〕
　　1964年生まれ
　　2000年　新潟大学大学院現代社会文化研究科博士後期課程中退
　　現在：上越教育大学大学院准教授
　　専攻：教育学（学校教育相談学、教育カウンセリング心理学）

芦名猛夫（あしな・たけお）〔第8章〕
　　1950年生まれ
　　2014年　和歌山大学教育学部大学院教育研究科修士課程修了
　　現在：京都橘大学人間発達学部児童教育学科教授
　　専攻：教育学（学校教育、教育相談、教育実践論、美術教育）

杵鞭 広美（きねむち・ひろみ）〔第9章〕
　　1973年生まれ
　　2003年　東京学芸大学大学院連合学校教育学研究科博士課程修了
　　現在：有明教育芸術短期大学子ども教育学科准教授、博士（教育学）
　　専攻：障害児心理学

白石智子（しらいし・さとこ）〔第11章〕
　　1978年生まれ
　　2007年　早稲田大学大学院文学研究科心理学専攻博士後期課程単位取得退学
　　現在：宇都宮大学教育学部准教授、博士（文学）
　　専攻：心理学（臨床心理学、健康心理学）

廣澤愛子（ひろさわ・あいこ）〔第12章〕
　　1974年生まれ
　　2013年　名古屋大学大学院環境学研究科社会環境学専攻博士後期課程修了
　　現在：福井大学教育地域科学部准教授、博士（心理学）
　　専門：臨床心理学

上野和久（うえの・かずひさ）〔第13章〕
　　1953年生まれ
　　1987年　鳴門教育大学学校教育研究科学校教育専攻生徒指導コース修了
　　現在：大阪大学教育実践センター非常勤講師（教育相談）
　　専攻：学校カウンセリング、学校臨床心理学

新・教職課程シリーズ　教育相談

2014年5月30日　初版第1刷発行

監修者　田中智志・橋本美保
編著者　羽田紘一
発行者　菊池公男

一藝社

〒160-0022　東京都新宿区新宿1-6-11
Tel. 03-5312-8890　Fax. 03-5312-8895
E-mail : info@ichigeisha.co.jp
HP : http://www.ichigeisha.co.jp
振替　東京00180-5-350802

©Satoshi Tanaka, Miho Hashimoto, 2014 Printed in Japan
ISBN 978-4-86359-068-7 C3037　印刷・製本/シナノ書籍印刷㈱
乱丁・落丁本はお取り替えいたします。

一藝社の本

新・教職課程シリーズ ［全10巻］
田中智志・橋本美保◆監修

《一流執筆陣による新カリキュラムに対応した新シリーズ、ついに刊行！》

※各巻平均216頁

教職概論
高橋 勝◆編著
A5判　並製　定価（本体2,200円＋税）ISBN 978-4-86359-065-6

教育の理念・歴史
田中智志・橋本美保◆編著
A5判　並製　定価（本体2,200円＋税）ISBN 978-4-86359-057-1

教育の経営・制度
浜田博文◆編著
A5判　並製　定価（本体2,200円＋税）ISBN 978-4-86359-067-0

教育心理学
遠藤 司◆編著
A5判　並製　定価（本体2,200円＋税）ISBN 978-4-86359-060-1

教育課程論
山内紀幸◆編著
A5判　並製　定価（本体2,200円＋税）ISBN 978-4-86359-058-8

道徳教育論
松下良平◆編著
A5判　並製　定価（本体2,200円＋税）ISBN 978-4-86359-066-3

特別活動論
犬塚文雄◆編著
A5判　並製　定価（本体2,200円＋税）ISBN 978-4-86359-056-4

教育方法論
広石英記◆編著
A5判　並製　定価（本体2,200円＋税）ISBN 978-4-86359-064-9

生徒指導・進路指導
林 尚示◆編著
A5判　並製　定価（本体2,200円＋税）ISBN 978-4-86359-059-5

教育相談
羽田紘一◆編著
A5判　並製　定価（本体2,200円＋税）ISBN 978-4-86359-068-7

ご注文は最寄りの書店または小社営業部まで。小社ホームページからもご注文いただけます。